世界最先端の研究が教える

さらに すごい心理学

内藤誼人
NAITOH YOSHIHITO

SOGO HOREI PUBLISHING CO., LTD

まえがき

心理学には、本当にびっくりするほど面白い実験や調査がたくさんあります。「こんなこと、よくもまあマジメに研究するものだな……」と感心してしまうほどです。こんなに面白い学問は他にありません。

それにもかかわらず、「心理学を学んでみようかな」と思う人に自信を持ってオススメできる本は、そんなに多くありません。なぜなら、心理学の専門書はわざと難しく書かれていることが多いため読みにくく、一般向けの本は内容が似たり寄ったりです。しかも、40年も50年も前の研究をいまだに紹介していることもあります。

そこで私は、自分が「面白いな」と感じた研究だけを取り上げた心理学の本を作りました。それが、前々作の『すごい心理学』です。おかげさまでこの本は10万部も売れました。

気を良くした私は、調子に乗ってさらに最新の論文を読みあさり、続編を書きました。それが前作の『もっとすごい心理学』です。たいてい2作目はそんなに売れないのですが、なんとこちらも版を重ねてベストセラーになってくれました。

「本が売れない」と言われる昨今の状況を考えれば、驚くべきことです。それだけ、心理学を学びたいという人がたくさんいるということでしょう。

そこで私は、さらに最新の研究を徹底的に調べ上げ、「決定版」と呼べるような3作目の本を執筆したいと思いました。

「すでに2作も心理学の本を書いているのだから、3作目になると、そうとう内容が薄くなっているのでは……?」と思われるかもしれません。ご安心ください。決してそんなことはありません。その証拠に、巻末の参考文献を見てください。本書を執筆するために、とんでもない量の論文を調べ上げたことがわかると思います。

詳しくは本文をお読みいただければと思いますが、本書で取り上げた「とびっきりのネタ」のいくつかを、簡単にご紹介しておきましょう。

○お酒を飲むと、私たちは自分をイケメン(美人)だと誤解する
○「チクショウ!」と声に出すと、人は我慢強くなれる
○性格が良い女性は、顔だちも良くなっていく
○29歳、39歳、49歳のとき、人は何か変わったことをやり始めたがる
○高級ブティックには、あえてダサい格好で行ったほうが感心してもらえる
○人は善意でなく、自己満足のために寄付をする
○経済学の勉強をすると、人は不親切になっていく

どうでしょう。「おおっ!!　なんだか面白そうだな」と思いませんか。少しでもそう思ってくださったなら、このまま本書を読み進めてください。読者のみなさんに満足していただけることを保証します。

本書は心理学に興味がある読者に対して、その知的好奇心を刺激することだけを考えて執筆しました。学問的に秩序立ってはいないかもしれません。それでも十分に、「こりゃ、面白い！」と思わず膝を打ってしまうような内容になっていることは間違いありません。

本書を通して、心理学という学問の奥深さを味わいましょう。それでは最後までお付き合いください。

世界最先端の研究が教える
さらにすごい心理学
CONTENTS

第1章
今日から使える心理学研究

第2章

人間関係が楽になる心理学研究

第3章
なんだか不気味な心理学研究

第４章

知らないと損する心理学研究

第5章 誰かに話したくなる心理学研究

ブックデザイン　別府拓（Q.design）
イラスト　ぷーたく
DTP・図表　横内俊彦
校正　池田研一

第1章

今日から使える心理学研究

我慢したいときのちょっとしたコツ

衝動《しょうどう》的に何かが欲しくなったり、何かを食べたくなってしまったりすることがあります。私たちの「衝動」は、まことに厄介なものです。「○○したい！」という欲求を抑えるのは、並大抵のことではありません。

衝動と理性が勝負をすると、たいていは衝動が勝ちます。いくら理性的に判断しようとしても、「○○したい！」という衝動を抑えることはできないのです。多くの場合、人は衝動的に買い物などしてしまうものです。もちろん、その後でものすごく後悔するわけですが。

けれども、私たちが衝動に抗う方法はまったくないのかというと、そんなこともありません。ちゃんと「衝動コントロール」の方法が確立されています。

米国ペンシルベニア大学のアンジェラ・ダックワースによると、**衝動をコントロールするコツは、「なるべく小さなうちに芽を摘んでおくこと」**。衝動が大きくなってからどうにかしようとするのは不可能です。できるだけ小さいうちに処理するのがポイントなのですね。

たとえば、勉強するときにスマホばかり見てしまい、勉強がまったく手につかない受験生がいるとしましょう。勉強しなければならないことは重々理解しているのに、「スマホを見たい！」という衝動には抗うことができません。

このようなケースでは、勉強するために図書館へ出かけるとき、スマホを持って行かなければ良いのです。スマホを見ることを物理的に不可能にしておけば、衝動も大きくなりません。

ダックワースはこの原理を利用したダイエット法も紹介しています。レストランで料理をオーダーする際、ウェイターに「デザートのカートを持ってこないで」とお願いしておくのです。食事がすんだところで、おいしそうなデザートがカートで運ばれてくると、どうしても「食べたい！」という衝動を抑えられません。つい注文してしまうでしょう。ですから、最初のうちに断ってしまうのですね。

どんなに理性的な人でも、衝動が大きくなってからでは太刀打ちできません。「頭ではわかっているのに、どうすることもできない」という結果になることは、目に見えています。**衝動は大きくならないうちに抑えてしまうのが一番**なのです。

長生きしたいのであれば、病気になってからあれこれと手を打つのではなく、健康なうちからいろいろな予防をしておくほうが良いでしょう。衝動にもまったく同じことが言えます。

大切なのは、**「衝動が起こる前に」、衝動をコントロールしてしまうこと**。この原理をしっかりと覚えておけば、衝動に振り回されることもなくなりますよ。

痩せたいなら何食目を抜くべき？

「朝食をしっかり食べるとエネルギーが出る」という人もいれば、「朝はあまり食べたくない」という人もいるでしょう。

もし、「最近少し太り気味かも」と感じているのであれば、朝食は抜いたほうが良いかもしれません。朝食を抜けば、一日に摂取するカロリーの総量を減らすことができるからです。

米国ニューヨーク州にあるコーネル大学のデビッド・レヴィツキーは、習慣的に朝食を食べる人と食べない人を集め、それぞれがランチをどれだけ食べるのかを測定しました。

ひとつの考え方として、朝食を抜いている人は足りないエネルギーを補うため、ランチにはたくさん食べることが予想されます。

けれども、実際に調べてみるとそんなことはありませんでした。**朝食を抜いた人が、朝食の分までランチを食べるわけではない**のです。朝食を食べる人と、同じくらいの量しか食べませんでした。

この結果からレヴィツキーは、**一日の摂取カロリーを減らすためには朝食を抜くのも良い**かもしれない、と結論しています。肥満で悩むアメリカ人は多く、社会問題にもなっています。「朝食を抜く」ことで摂取カロリーを減らすことができれば、こうした問題の解決につながるかもしれません。

読者のみなさんも、もし肥満に悩んでいるなら、朝食抜きもひとつのアイデア。「朝食を抜いたりすると、かえってランチにドカ食いをしてしまいそう……」と心配する人がいるかもしれませんが、大丈夫です。そんなことはありません。

あくまで私の個人的な印象にすぎませんが、朝食を抜く人はスリムなことが多いような気がします。私の周りの人たちにはそうした傾向が多く見られますが、読者のみなさんはどうでしょうか。

「一日三食、しっかり食べないとパワーが出ない」とか、「三食きっちり食べないと、健康に良くない」と考える人がいるかもしれません。けれども、私たちが一日三食取るようになったのは、人類の歴史で考えるとごく最近のことです。

それまで人間は、一日に一食か二食しか食べないのが普通でした。したがって、「一日三食、しっかり食べないとダメ！」という考えは、単なる思い込みにすぎない可能性もあります。二食にしても大きな問題はないと思われますので、ご安心ください。

「笑顔」の意外な効果

笑顔にはいくつもの素敵な効果があります。まず、笑顔の人のほうが魅力的に見えるので、他の人に好かれます。さらに、笑顔でいると自分も楽しくなってきて、免疫系に良い影響を与えます。そのため、長生きもできるようになるのです。

このように笑顔には素敵な効果があるのですが、もうひとつ、別の効果もあります。それは、**「疲れにくくなる」という効果**です。

たとえば、ものすごく単調な仕事や雑用をこなさなければならなくなったとしましょう。延々と封筒をのりづけするとか、会議用の資料をホッチキスで留めるなどの作業です。

このようなときには、ウソでもニコニコと笑顔を作りながら作業すると良いですよ。なぜかというと、そのほうが疲れませんから。どうせやらなければならないのなら、せめて疲れずにこなしたいですよね。

オランダにあるアムステルダム大学のフィリップ・フィリッペンは、大学のキャンパスで実験募集のビラをまき、大学生の男女を集めました。そして、彼らに最大心拍数の50~60%くら

■表1 フィリップ・フィリッペンの実験結果

	気持ちよさ（－5～+5点）	疲れ（0～20点）
笑いながら	2.91点	11.53点
しかめっ面で	2.12点	12.06点

※数値はそれぞれ「気持ちよさ」「疲れ」の度合いを示す

いの力で自転車をこがせました。

ただし、半数の人には笑いながら、残りの半数にはしかめっ面で自転車をこいでもらいました。次に自転車をこいだ後で、「どれくらい気持ち良さを感じましたか?」と「どれくらい疲れましたか?」という質問をしました。その結果が表1です。

この結果のとおり、**笑いながらこいだほうが気持ち良くて、しかも疲れにくい**ということがわかります。「数値の差が、2つのグループで微妙なのでは……」と思う人がいるかもしれません。ただ、心理学の実験ではよくあることですし、統計的にはきちんと意味のある差ということが確認されています。

何か面倒なことをしなければならないときには、笑いながらやると良いのだな、ということを覚えておいてください。**笑顔は、人をハッピーな気分にさせてくれるばかりでなく、肉体的な疲れも減らしてくれる**のです。

日々の業務にも笑顔は有効でしょう。ニコニコしていれば嫌々やらされているという気分も薄れ、疲れずにもすみますよ。

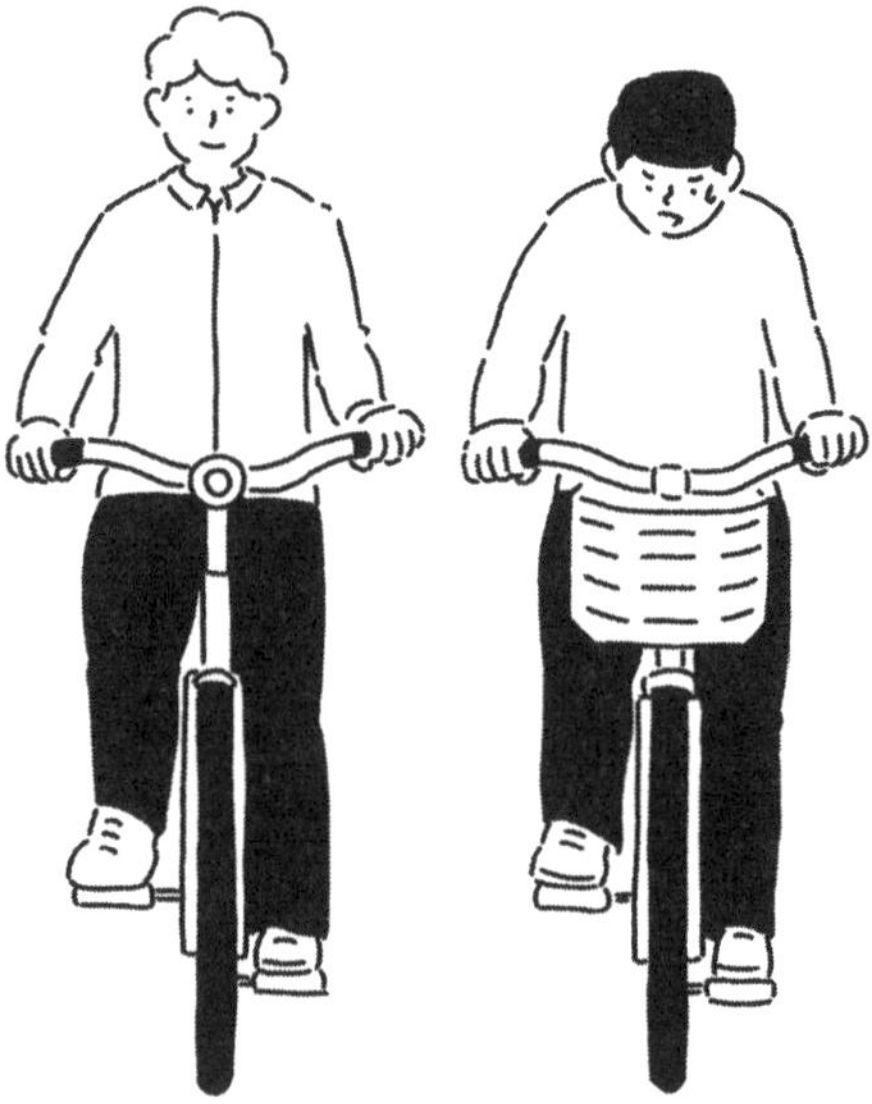

アイデアにつまったら散歩がオススメ

新商品や新しいイベントを考えなければいけないときは、その辺を散歩してくるのが良いでしょう。私たちの脳みそは、椅子に座ってウンウン唸《うな》っていてもうまく働かないのです。

アイデアを出すコツは、頭でなく足を使うこと。とにかく歩き回っていれば、面白いアイデアもポンポンと出てくるはずです。自分でもびっくりするくらい斬新で革新的なものが浮かぶかもしれませんよ。

「そんなのウソでしょう?」と思われるかもしれませんが、本当の話です。アイデアは散歩によって生まれるものなのです。

米国カリフォルニア州にあるスタンフォード大学のマリリー・オペッツォは、椅子に座った状態とウォーキング用のマシンに乗って好きなペースで歩かせた状態で、4分間あるものについていろいろな使用方法を実験参加者に考えさせました。

参加者たちは、たとえば、「ボタン」という課題を与えられたら、「人形の目に使う」とか「巨大迷路でひとつずつ落として目印にする」といった、とにかく面白い使い方をできるだけたくさん挙げることが求められたのです。

では、参加者たちはどれくらいアイデアが出せたのでしょうか。

椅子に座って考えさせられたグループは、平均して22・2個のアイデアを出しました。4分間という短い時間を考えれば、たいしたものです。

さらにすごいのは、歩きながら考えさせられたグループでした。こちらはなんと**33・1個もユニークなアイデアを出すことができた**のです。

この実験でわかるように、椅子に座っているときよりも足を動かしているときのほうが、私たちの脳みそはフル回転して、さまざまなアイデアが出せるようになるようです。

アイデアを出したり企画を立てなければならなかったりするときには、「ちょっとその辺、歩いてきま～す」と断ってから外に出ましょう。そのほうが**オフィスに座って沈思黙考《ちんしもっこう》するよりも良い**のです。アイデアが出やすくなります。

古代ギリシャの哲学者アリストテレスは、トコトコと歩きながらいろいろな思索を巡らせていたようです。彼の弟子たちも先生の真似をするようになりました。そのため、アリストテレスの学派は「逍遥学派《しょうようがくは》」とも呼ばれます。逍遥とは「気ままにその辺を歩き回る」という意味です。

同じく哲学者のカントも、毎日決まった時間に散歩へ出かける習慣がありましたし、ベートーベンは、五線紙を持って散歩に出ていたそうです。散歩中に浮かんだ曲想をその場で書き留めるためでしょうね。

散歩中は、誰も気づかなかったユニークなビジネスモデルなども思いつくかもしれません。お金持ちになりたいのなら、散歩を日課にするのも良い作戦だと言えるでしょう。

「威張ったポーズ」で力が出る

私たちは威張ったポーズを取っていると、なぜか自信が湧いてきます。たとえば、スーパーマンのように腰を手に当てたポーズを取っていると、なんだか本当に自分が強くなったように感じるのです。これを専門用語で〝**パワーポーズ**〟と言います。

重いものを持ち上げなければならないときには、パワーポーズを取ってみましょう。心の中にエネルギーが満ち溢れてきて、重いものでもホイホイと担いで歩くことができますからね。

イギリスにあるケンブリッジ大学のウン・リーは、重りを入れた段ボールを持ち上げて、その重さを推測させるという実験を行ったことがあります。ただし、参加者の半数にはパワーポーズを、残りの半数にはパワーがなくなるような弱々しいポーズを取らせてから段ボールの重さを推測させてみたのです。

この実験でのパワーポーズは、「椅子の肘掛に腕を乗せ、片方の足首をもう片方の太ももに乗せて足を組む」というものでした。大企業の社長などが偉そうにふんぞり返っているような姿勢、とでも言えるでしょうか。

■表2 ウン・リーの実験結果

	姿勢を取る前	姿勢を取った後
パワーポーズ	3.17キロ	2.83キロ
弱々しいポーズ	3.30キロ	3.40キロ

※数値は「段ボールの重さの推測」を示す

弱々しいポーズは「手を太ももの上に置いて、肩を落とした猫背で、両足をピッタリ閉じて座る」というものです。3分間、指示された姿勢を取った前後で、ダンボールを2回ずつ持ち上げてもらいました。

その結果、**パワーポーズを取らせると、なぜか同じ重さの段ボールを軽くなったと感じる**ことがわかりました（表2）。逆に**弱々しいポーズを取らせると、同じ段ボールを重く感じる**ようです。パワーポーズを取ると、その名前に「パワー」と入っているように、本当にパワーが出てくるのです。

パワーが必要なときには、ぜひパワーポーズを取ることをオススメします。倉庫の棚卸しをするとき、セメントの袋を持ち上げるとき、重いリュックを背負って、遠くまで歩くときなどは、**胸を張って、アゴをあげて、ちょっとだけ威張ったポーズを取るのがコツ**です。そうすると、少しくらいの重さなどへっちゃらになるはずです。

楽観的になりたいなら

私たちの心理状態は、自分が取っている姿勢の影響を受けます。

パワーポーズを取っていると重いものでもラクラクと持ち上げることができますよ、という話をしました。パワーポーズにはさらに、物事を明るく考えさせる効果もあります。

楽観的になりたいなら、まずは姿勢を矯正しましょう。胸を張って背筋を伸ばし、頭を上げるように気をつけていれば、誰でも楽観的な人間になれますから。

反対に、背中を丸めて頭をうなだれていると、どんどん悲観的になってしまいます。気をつけましょうね。

カナダにあるヨーク大学のヴィエッタ・ウィルソンは、男性11名、女性13名にお願いして、パワーポーズ（胸を張る、頭を上げる）や、弱気になるようなポーズ（背中を丸める、頭を下げる）を取ってもらいました。

その姿勢で、１分間「悲しいこと」や「過去に起きた嬉しいこと」を考えてもらい、どれくらいイメージしやすかったかを尋ねました。

すると、24人中22人は、**パワーポーズを取っているときはポジティブなことを考えるほうがラク**、と答えたのです。パワーポーズを取っていると、嬉しいことや楽しいことを考えることが容易になるのですね。

ところが、弱気になるポーズを取っていると、24人中17人は「ネガティブ思考のほうがラク」と答えました。**背中を丸めていると、なぜか悲しいことや悔しいことなどが次々と頭に浮かびやすくなった**のです。

楽観的になりたいなら、姿勢に気をつけましょう。

「明るい性格になりたい！」というとき、たいていの人は性格を変えようとします。けれども、性格なんてそんなに簡単には変わりません。

その点、姿勢なら、いくらでも変えることができます。

「私は陰鬱《いんうつ》な性格で、ネガティブなことばかり考えてしまうので、性格を改善したい」というのなら、性格ではなく姿勢を変えてみてはどうでしょうか。このほうが簡単ですし、ずっと効果的ですから。

仕事でミスをしてしまったときも、なんだか精神的に疲れたときも、背中を丸めているとどんどん鬱な気分になってしまいますからね。そんなときこそ胸を張って、威張るようなポーズを取っていたほうが良いのです。**そのほうが気分は上向きになる**はずです。

姿勢の影響を軽く考えてはいけません。

昔の人は自分の子どもに対して、とにかくうるさいほどに姿勢を正すよう言い聞かせました。

学校の先生も、だらしない姿勢で授業を受けている生徒がいるとものすごく叱りました。

ところが、最近は親も先生もあまり姿勢のことを注意しないようです。本当は姿勢についてもちゃんと教えたほうが良いことを覚えておきましょう。

上手な人を眺めるとうまくいく

人生で初めての料理を食べるときは、誰でも躊躇《ちゅうちょ》すると思います。でも、周りの人たちがその料理をおいしそうにほお張っている様子を見れば、恐らくおいしく食べることができるでしょう。私たちは他の人の行動を見ることで、影響を受けるからです。

大変な仕事を押しつけられたときには、同じような仕事をホイホイと片づけている先輩の行動をしばらく眺めてみましょう。すると、「なんだ、自分でも簡単にできそうだな」と思えるようになりますから。

私は、あまり絶叫系のアトラクションが好きではないのですが、他の人たちが楽しんで乗っている様子を見ることで、恐怖を克服しています。そうすることで、自分でも大丈夫だと思えるのです。「他の人を眺める」ことはとても効果的な方法なので、いろいろなところで試してみてください。

米国バージニア大学のモーリーン・ワイスは、水泳の経験がほとんどない子どもたちを集めて、7分間のビデオを見せました。あるグループの子どもたちには、同年齢の男の子と女の子

が「こんなの簡単、簡単」「これって、面白い」「僕はうまくできるよ」と話しながら水泳の練習をしているビデオを見せました。別のグループに見せたのは、水泳にまったく関係のない「セサミストリート」のビデオです。

それから、20分のグループ水泳練習を3日間受けてもらいました。3日間で、水泳のインストラクターが6つの技術を教えるというものです（顔を水につける、ブクブクと水中で息を吐く、頭まで水に潜る、うつ伏せで水に浮くなど）。

その結果、**練習の前に同年齢の子どもたちがうまく水泳している7分間のビデオを見せられたグループでは、6つの技術をほぼすべてマスターできました**。水泳に関係のないビデオを見せられたグループでは、4・5の技術しかマスターできませんでした。

もし子どもがプールを怖がるようなら、同年齢の友達がプールを楽しんでいる様子を見せてあげると良いかもしれません。ムリにやらせなくとも、他の友達が楽しそうに泳いでいれば、「僕もちょっとだけやってみようかな」と思うものです。

私には2人の息子がいるのですが、お兄ちゃんに自転車の乗り方を教えるのはとても苦労しました。でも、お兄ちゃんが練習している様子を眺めていた弟は、いつの間にか自転車に乗れるようになっていました。兄弟姉妹で言うと、**弟や妹のほうが、兄や姉を観察することができるので、いろいろなところで有利**なのですね。

カウンセリングは午前中に受けよう

米国テキサス州にあるサザン・メソジスト大学のアリシア・ミューレットによると、カウンセリングやセラピーの治療効果は、なんと時間帯によって決まるそうです。

結論から先にお伝えすると、**「午前中」に診療を受けたほうが治療効果は高くなります**。いろいろな悩みがあって、「ちょっとカウンセリングでも受けてみようかな？」と思うのであれば、できるだけ午前中に予約を入れると良いでしょう。

ミューレットは、広場《ひろば》恐怖症《きょうふしょう》に悩む患者に、治療のためのセッションを３週間で72回受けてもらいました。広場に連れて行き、慣れてもらおうと考えたのです。ただし、毎回セッションの時間帯を変更しました。

その結果、**午前中にセッションを行ったときのほうが、次回のセッションにおいて広場恐怖症の症状が弱まる**ことがわかりました。午前中のセッションで、より大きな改善が見られたのです。

カウンセリングやセラピーを受けるときは、午前中がオススメ。

身体の痛みも、朝のほうが我慢できることが多いのではないでしょうか。夜になるとひどく痛む、ということはよく起こります。心の悩みも同じです。午前中のほうがそんなにひどく悩んだりしませんし、そうしたときなら安心してセラピーを受けることができます。

ミューレットは、広場恐怖症に関して言えば、勇気を出して広場に出かける訓練をするのは午前中が良いと述べています。けれども、その他すべての悩みについても、同じく午前中にセラピーを受けるのが良いかどうかは、はっきりとわかっていません。

けれども、広場恐怖症以外の不安や恐怖に関しても、やはり午前中にカウンセリングを受けたほうが効果は高いのではないかと推論できます。

私たちの心や身体は、時間帯によって変化します。

朝起きてしばらくすると、体温が徐々に上がり身体も活性化して、調子が良くなってきます。だいたいお昼くらいになると身体の活性化のピークがくるようになっています。

心も、身体のそういった変化の影響を受けて、午前中のほうが調子は良いのかもしれません。

カウンセリングを受けるときは、できれば早い時間帯のほうが良いでしょうね。同じ料金を払うなら、できるだけ治療効果が高いに越したことはありません。ぜひ予約するときは午前中を希望しましょう。

頑張りたいときに食べる物

どんな栄養を取るかによっても、私たちの心や行動は影響を受けます。私は心理学者であって栄養学者ではないのですが、心理学者の中には栄養が心や行動に及ぼす影響の研究を専門にしている人もいるのです。ここが、心理学の懐の深さだと言えます。

徹夜の仕事や長時間の作業をしなければならなくなったとしましょう。

フリーランスで仕事をしていると、急な仕事の依頼が立て込んで、長時間休まずに仕事をしなければならないこともよくあります。私も、忙しいときにはそういう状況になります。

こうしたときには、**炭水化物を摂取すると良い**ですよ。炭水化物を取れば、精神的な「粘り」が出ますから。マラソンのような持久力を必要とするスポーツには、炭水化物が良いとも言われています。これは心理学的にも本当らしいのです。

米国ミネソタ大学のパトリック・ウィルソンは、ウィスコンシン州で開催された「オークレア・マラソン」という大会に、男性10名、女性36名の大学生を送り込みました。この大会は2012年5月6日に開催されたアマチュアのハーフマラソンです。実験とはいえ、ハーフマラソンを走るのは大学生にとっても大変だったことでしょう。

ウィルソンは学生たちに、大会3日前から当日の朝までに取った、すべての食べ物と飲み物を記録してもらいました。その記録を栄養士に見せて、炭水化物が含まれているかどうかをチェックしてもらったのです。

その結果、**炭水化物を多く摂取していた学生ほど、大会でのタイムが良くなる**ことがわかりました。炭水化物の量は、少しよりも中程度から大量に摂取するほうが、持久力や精神的な粘りを出すのに効果的だということもわかりました。

さらに、摂取するタイミングも大切。大会が始まる24~36時間前、つまり1日くらい前に摂取するのが良いことも明らかにされました。

粘りが必要なことをしなければならないときには、**その1~2日前くらいに、たくさん炭水化物を取ると良い**でしょう。もちろん、当日に取るのも効果的です。炭水化物を多く含んだ食べ物と言えば、ご飯やパン、フルーツなどなど。普段の食事でそれなりの量を取れそうですが、仕事が忙しいといったときにはご飯をおかわりするなどして、いつも以上に食べると良いでしょう。

炭水化物はエネルギー源であり、自動車で言えば「ガソリン」です。「徹夜で頑張らないと!」という状況では特にエネルギーが必要になるので、炭水化物をたくさん取ることです。

プロのルーティンは初心者も真似するべき

プロのスポーツ選手は、たいてい決まったルーティンを持っています。イチロー選手は、ネクストバッターズサークルに入ると、決まったストレッチを始めます。そしてバッターボックスに立つと、決まったポーズでバットを立ててから構えていました。

野球をやっている小学生などの中には、それを真似てバッターボックスに立つ子もいるようです。このようなプロが行うルーティンは、たとえアマチュアでも、さらには初心者でも真似をしたほうが良いでしょう。そうすれば、**パフォーマンスは劇的に改善**されますから。

イスラエルの心理学者ロニー・リドールは、イスラエルのトップリーグに所属する12名の男性プロバレーボール選手の試合をビデオで撮影し、サーブのルーティンを分析しました。

すると、12名中11名は、毎回同じ場所でサーブをすることがわかりました。また、ルーティンもだいたい決まっていました。ボールを持って、両手でボールの感触を確かめ、利き手と反対の足を前に出し、それからボールを3～4回弾ませる、という行動を取っていました。12名のうち、1名を除き、残りの全員がルーティンを持っていたのです。

次に、リドールはまったくバレーボールをしたことがない女性を集めて、プロが行うルーティンの方法を教えました。「こんな順番でルーティンをしてから、サーブを打つと良いですよ」と伝えたのです。すると、どうでしょう。**女性たちは初心者にもかかわらず、サーブを正確に打つ確率が高まった**のです。

プロの選手も行うくらいですから、ルーティンはパフォーマンスを向上させるのにとても効果的なのでしょう。さらに、ルーティンは初心者が行っても技術の向上に効果があると言えるのです。

これから何かスポーツを始める人は、まずそのスポーツにおける一流選手が行っているルーティンを調べましょう。「○○選手のルーティン」といった言葉で検索をかければ、たいていすぐに見つかります。動画もあるでしょう。その**ルーティンをそっくりそのまま真似して、自分でもやってみる**のです。

２０１５年にラグビー日本代表チームが快進撃を見せました。当時、キックをする五郎丸《ごろうまる》歩《あゆむ》選手の独特のポーズを、子どもも大人も面白がって真似していました。もしラグビーを始めようというのであれば、そのルーティンを真似するのも良いでしょう。

音楽鑑賞より効果的なストレス解消法

心が疲れたときは、音楽を聴くと癒されます。セラピーの中には**〝音楽療法〟**というものがあり、こうした音楽の効能はよく知られています。

もちろん、自分が好きな音楽を聴くだけでも心を癒すことはできますが、**さらに効果を高めたいなら、「自分で歌う」**と良いでしょう。音楽は聴くだけでなく、自分で歌ったほうが癒しの度合いは高まるのです。

ドイツにあるヨハン・ウォルフガング・ゲーテ大学フランクフルト・アム・マインのグンター・クラウツは、31名のアマチュア聖歌隊メンバーに、モーツァルトの「レクイエム」のCDを聞いてもらいました。CDを聞く前後でメンバーのだ液を採取して、免疫グロブリンやコルチゾールの変化を調べてみました。免疫グロブリンやコルチゾールは、ストレスの指標としてよく利用されます。

すると、CDを聞いた後は、ストレスが軽減されることがわかりました。やはり音楽には、心を癒す効果があったのです。

次に1週間空けて、もう一度メンバーに集まってもらいました。今度は、みんなで「レクイエム」を歌ってもらったのです。そして、同じようにメンバーのだ液を採取して、ストレスの度合いを調べてみました。

すると、ただCDを聞くよりも**みんなで歌ったときのほうが、ストレスがより軽減されている**ことがわかったのです。また、メンバーそれぞれの主観的な報告でも、歌ったときのほうが気分は高揚《こうよう》していることがわかりました。

歌は聞くものではなく、自分で歌うもの。

どんな人も、日常生活を送る中で、ムシャクシャしたり、イライラしたりするものです。そんなときには、仕事帰りや週末に、カラオケにでも行くと良いでしょう。そこで、自分のテンションが上がる曲を大声で歌うのです。1時間も歌えば、ムシャクシャやイライラもどこかに吹き飛んでいるはずですよ。カラオケには一人で行っても良いですし、同じようにストレスを抱えている人たちと連れだって行っても良いでしょう。一緒になって歌を歌えば、ストレスは大きく軽減します。

カラオケはお酒を飲んで憂さ晴らしをするより健康的ですし、お金もそんなにかかりません。**現代の日本のようなストレス社会では、カラオケはとても簡単で便利なストレス解消法となる娯楽**だと言えます。

プレッシャーには何が効く？

水泳でもフィギュアスケートでも大会のテレビ中継では、出番を待つ選手たちが耳にイヤホンをつけて音楽を聴いている場面をよく見ます。フィギュアスケートの羽生結弦《はにゅうゆずる》選手も、試合前には音楽を聴いています。一流の選手でも、試合になれば当然緊張するわけです。

その緊張をほぐすために有効な方法が、音楽を聴くことなのですね。実は、彼らが行っていることは、心理学的にものすごく良い方法だと言えるのです。

オーストラリアにあるヴィクトリア大学のクリストファー・メッサーノは、少なくとも5年以上のプレイ経験があるバスケットボール選手のうち、不安を感じやすく息がつまりやすい5名を選んで実験を行いました。

メッサーノは、まずウォームアップで彼らにフリースローを10回してもらいました。参加者の一人であるミッシェル（仮名）の成功率は、このとき60・0％でした。

次にメッサーノは、プレッシャーを与えるためにミッシェルにビデオカメラを向け、さらに8名のチームメイトがじっと彼を凝視するという状況で、フリースローを10回してもらいました。すると、今度は成功率が50・0％に下がってしまいました。ミッシェルはプレッシャーに弱いので当然ですね。

次に、メッサーノは、モンティ・パイソンの『オールウェイズ・ルック・オン・ザ・ブライト・サイド・オブ・ライフ』という曲を聴かせながら、ミッシェルにフリースローをしてもらいました。すると、**このときの成功率は68・3％と飛躍的にアップ**したのです。

ミッシェル以外の4人の実験参加者でも結果は同じでした。**音楽を聴かせながらフリースローをさせると、プレッシャーを克服することができた**のです。

なぜ、音楽を聴くのが良いのでしょうか。

メッサーノによると、それは**「気を散らせることができる」**から。音楽を聴いていると、私たちの意識は当然音楽のほうに向けられます。つまり、あえて余計なことに注意を向けることで、プレッシャーを感じる状況から、目をそらすことができるわけです。

このメカニズムによって、音楽を聴けばプレッシャーや不安、緊張といったものを吹き飛ばすことができると言えます。

人前でスピーチをしなければならないとか、大切なプレゼンテーションを控えているとか、**緊張しやすい場面では、その直前まで音楽を聴くと良い**でしょう。そうすれば、息がつまるほどにドキドキしなくてすみます。

痛みをコントロールする方法

「自分ではどうすることもできない」と思っていると、痛みはどんどんひどくなっていきます。これは、どんな痛みでも同じことが言えます。

そんな場合はどんな方法でも良いので、自分なりに「こういう姿勢を取るとラク」「こうすると痛みが軽くなる」という手段を作ってしまいましょう。思い込みでも何でも構いません。「こうするとラクになるんだ」という方法をひとつでも2つでも持っていると、暗示効果により本当に気分がラクになってきます。単なる思い込みだと思われるかもしれませんが、実際に痛みも減らせるので、ぜひお試しください。

米国ノースカロライナ大学のダグラス・ドロスマンは、胃腸障害があってクリニックに通っている179名の女性について、1年間の調査を行いました。

その結果、**「自分ではどうにもならない」と思っている患者ほど痛みを訴えることが多く**なり、医者への訪問回数や手術を受ける回数も増えることが明らかになりました。逆に**自分なりに痛みを和らげる手段を持っている人は、痛みに耐えることができる**こともわかりました。

読者のみなさんは、**〝プラシーボ効果〟**という言葉を聞いたことがあるでしょうか。
「プラシーボ」とは「偽薬」という意味です。まったく治療効果のない薬でも、**本人が「こりゃ、効くぞ」と思い込んでいると、本当に効いてしまう**ことがあります。しかも、その割合はとても大きいこともわかっています。どこか身体が痛むときには、「こうすればラクになる」という方法を持っていると、プラシーボ効果が働いて本当にラクになるのです。

たとえば、腰痛に悩まされている方が「腰痛は一生消えない」などと思っていると、どんどん痛みがひどくなってしまいます。気をつけましょう。
「サポーターをつけていれば、ラクになる」とか、「何かを塗るとラクになる」とか、自分なりにラクになれる方法を見つけてください。私はお医者さんではないので、有効成分がどうとかいった話はわかりませんが、自分で「効く！」と思っていれば「本当に効く」ということはわかっています。

人間の身体というのは本当に便利にできています。本人が「こうすればラクになる」と強く信じていると、本当に痛みが消えるのです。**民間信仰のようなものが痛みに効果的なのも、おそらくはプラシーボ効果が大きい**のではないかと思います。

お腹や頭が痛いとき、風邪をひいたときなども、「とりあえず横になって寝ていれば治る」と思っていれば、そのうち本当に良くなることもあるのです。ただ、念のため病院にはちゃんと行った方が良いかもしれません。

習い事をサボらずに続けるには？

みなさんは何かの習い事を始めたとき、最初のうちこそ休まずに通っていたけど、次第にやる気がなくなってきてだんだん足が遠ざかってしまった、ということはないでしょうか。「三日坊主」というやつですね。

では、習い事を始めるときに、どうすればきちんと習慣化できるのでしょうか。

カナダにあるヴィクトリア大学のネイビン・コーシャルは、あるスポーツジムに新規加入した会員に対して約3カ月間の調査を行いました。新規会員の平均年齢は47・4歳で、70％が女性でした。

コーシャルが調べてみると、スポーツジムにきちんと通って運動の習慣を身につけるには、**最低6週間にわたり、少なくとも週に4回は運動する必要がある**とわかりました。とりあえず週に4回行わないと習慣にはならないようです。なかなか厳しいと思いませんか？

さらにコーシャルによると、習慣を形成するには、**本人が楽しめること、難しくないこと、環境が快適であること、一貫していること**（午後7時にやると決めたら、毎日その時刻に始め

る）なども必要であることがわかりました。

習い事をするときには、週に1回ではちょっと少ないかもしれません。書道でも、楽器演奏でも、ダンスでも、英会話でも、何かを学ぼうと思ったら、週に4回以上のコースやプランを選びたいものです。

また、**習い事を苦痛に感じると習慣化できません**。親に無理やり習い事をさせられる子どもがなかなか習慣化できないのも、苦痛に感じるからです。

最低でも週に4回は行うべき習い事が苦痛になってはいけません。あくまでも楽しみながら続けるのがポイントです。少しやさしめのコースや簡単な課題・訓練を選んで、ラクにできることからスタートしましょう。

最初のうちは「こんなにラクで良いの？」と感じるほど、やさしいことをくり返したほうが良いと思います。いきなり高度なことをするとうまくできずに、諦めたくなってしまうからです。

簡単なことを十分にくり返してから、ほんの少しだけ難しいことにチャレンジしてみる程度で良いのです。そうしたほうが、最初の6週間を無事に乗り切ることができます。

いったん習慣化してしまえば、もうこちらのもの。**いちいちやる気を引っ張り出す必要もなく、自然に続けられるようになります**。

辛い状況では「汚い言葉」を叫ぶ

下品なので、あまり口には出さないほうが良い言葉があります。「チクショウ！」「クソッ！」「バカヤロー！」などなど。こういった言葉は良い意味ではないので、もちろん使わないほうが良いに決まっています。ただ、あえて使ったほうが良いケースもあるのです。

それは、**ものすごく苛酷で辛い状況**。こうした状況を乗り切るときには、「ののしり言葉」や「汚い言葉」を使ったほうが良いことがわかっています。

イギリスにあるキール大学のリチャード・ステファンズは、67名の大学生に対して、最大5分間、痛みを感じるほどの冷たい氷水に手を入れて我慢させるという実験を行いました。

なお、ステファンズは半分のグループには氷水に手を入れている間、ののしり言葉を叫ぶように指示しました。映画でよく聞くような、「ファック！」「シット！」といった言葉を叫ばせ続けたのですね。残りの半分のグループは声を出さずに、とりあえず耐えられるところまで耐えてもらいました。

■表3 リチャード・ステファンズの実験結果

	男性	女性
ののしり言葉を叫びながら耐える	190.63秒	120.29秒
言葉を発することなく耐える	146.71秒	83.28秒

※数値は耐えられた時間を示す

では、それぞれのグループが我慢できた時間はどれくらいだったのでしょうか。すると、表3のような結果になりました。

驚くべきことに、**下品な言葉を叫んでいると、人は我慢強くなれた**のです。

もし辛い状況にいるなら、あえて下品な言葉を口に出してみましょう。そうすれば、その状況を何とか乗り切ることができるかもしれません。

東急グループの創始者である五島慶太《ごとうけいた》は、どんなに困難な状況であっても、「ナニクソッ！」という精神さえ忘れなければ、必ず突破できるという信念を持っていたそうです。私たちもこの精神を見習いましょう。**辛い仕事を乗り切らなければいけないときには、「チクショウ、負けねえぞ！」「ナニクソッ、まだまだ！」などとたくさん言ってみる**のです。受験勉強を頑張っている学生も、このテクニックは応用できそうですね。

第2章

人間関係が楽になる心理学研究

「話し合い」なんてしないほうが良い

私たちは、何か問題が起きるとすぐに話し合いの場を持ちたがります。お互いに言いたいことを言い合ったほうが、スッキリすると思うからでしょう。

しかし、ですよ。これはあまり良い方法ではないかもしれません。むしろ話し合いなどせずに、そのまま問題を放ったらかしにしておいたほうが良いことも現実にはよくあります。

たとえば、夫婦の場合、お互いに気に入らないことがあったら、話し合おうとするかもしれません。でも、そのせいで余計に問題がこじれてしまうこともあるのではないでしょうか。

米国イリノイ大学のキース・マーニガムは、20のプロ弦楽四重奏のメンバー80人にインタビューしました。演奏やコンサートについて、他のメンバーと衝突するかを尋ねてみたのです。

またマーニガムは、それぞれのグループがどのくらい成功しているかについても調べました。成功の度合いは、①コンサート回数、②アルバム数、③他の弦楽四重奏グループからの評価、④昨年のコンサート料金、⑤グループに関する記事の新聞や雑誌への掲載数、⑥その記事での評価、の6つで決めました。

すると、とても面白いことがわかりました。

なんと、**成功しているグループは、たとえお互いに気に入らないことがあっても、話し合いなど「していない」ことが多いとわかった**のです。お互いの演奏方法などで気に入らないことがあっても、解決しようと「しない」ほうが、結局はうまくいっていると判明しました。

「気に入らないことは、何でも言い合ったほうが良い」ということはよく言われます。けれども実際には、**気に入らないことがあっても「そっとしておいたほうが良い」ことも多い**のではないでしょうか。もちろん、すべてのケースに当てはまるわけではありません。

たとえ穏やかな言い方であっても、相手に問題点などを指摘すると、ムッとされてしまうこともあります。お互いにいい大人であれば、そのうち自分の問題点に気づいて改めてくれるでしょう。わざわざ、相手に指摘したり注意したりする必要はないのかもしれません。

部下や後輩を指導するときも同じ。細かい点までいちいち指摘するよりも、そのまま放っておいたほうが良いこともある、ということは覚えておくと良いでしょう。**「何もしない」が正解になることもよくある**のです。

お酒を飲むと魅力的になる？

お酒を飲むと、なぜか異性がものすごく魅力的に見えてくることがあります。

これを心理学では、〝ビア・ゴーグル効果〟と言います。ビールを飲んで酔っ払うと、目の前にいる人が魅力的に感じられる「色メガネ（ゴーグル）」をかけて、相手を見るようになってしまう、という意味です。

普段何とも思っていなかった職場の同僚などと一緒にお酒を飲みに行ったときに、こんなことはないでしょうか。

「あれれ。この人、こんなに可愛かったっけ？」

「あらっ。この方って、こんなにイケメンだったかしら？」

そんな風に思ってしまうのは、まさにビア・ゴーグル効果によるものと思って良いでしょう。

さて、お酒を飲んで酔っ払うと、もうひとつ面白い現象が起きます。異性が魅力的に見えるだけでなく、なんと自分自身についても魅力が増したと感じてしまうのです。人間って、本当におバカさんですね（笑）。

フランスにあるグルノーブル・アルプ大学のローレント・ベーグは、バーにやってきたお客に対して、「あなたは、自分のことをどれくらい魅力的で、聡明で、個性的で、楽しい人間だと思いますか？」と尋ねてみました。さらに、アルコール検知器を使って、血中アルコール濃度も調べてみました。

すると、どうでしょう。血中アルコール濃度が高い人ほど、つまり**酔っ払っている人ほど、「俺はイケメン」「私は、けっこうイケてる」と高く評価する**ことがわかったのです。

お酒を飲むと、自分を魅力的に感じるだけでなく、頭も良くてユニークな人間なのだと勘違いするようですね。

そう言えば、女性のホステスがお酒を作ってくれるクラブのようなお店に行くと、たいていの男性客はホステスみんなが自分の魅力に夢中になっていると錯覚するようです。たぶんお酒を飲んで良い具合に酔っ払っているため、自分のことを客観的に判断できなくなっているのでしょう。

よく考えてみれば、歳の離れた男性のことを、若い女性が魅力的に感じることはそう多くないと思われます。クラブで**酔っ払った男性客は、そうした冷静な判断ができない**のです。そうして気分が良くなって、たくさんお金を使ってしまうのでしょう。

ただし、いつも自己嫌悪感ばかりが強く、自分に自信を持てないような人は、ときどきお酒の力を借りるのも悪くはありません。
たとえば、大好きな異性がいるのになかなか告白する勇気を持てない人は、この際ですから
お酒の力を借りましょう。
ほどよく酔っ払えば、「自分だって、そんなに悪くないはずだ」と自己評価が高まり、勇気
を出して「お付き合いしてほしい」とお願いできるかもしれません。
もちろん、あまり酔っ払いすぎていると、相手にマジメに受け取ってもらえない可能性も高
くなります。あくまでお酒はほどほどに。ほろ酔い状態くらいで告白するのが良いでしょう。

相手を好きになるサインをしよう

人と会うときには、親指を立てておくと良いでしょう。親指を立てるのは、「いいね！」のサインとして使われます。実は、**指をその形にしておくと、相手に好意を持ちやすくなる**のです。

たとえば、初めて会う人と打ち合わせをするとき、テーブルの下でこっそりと、この「いいね！」のサインを作ります。テーブルの上でも良いのですが、あまり堂々とやっていると、相手に気づかれてしまいます。さりげなく行ってください。

すると、相手のことを「そんなに悪くない人だ」とか「いや、むしろ良い人だ」と感じるようになっていくはずです。少なくとも、嫌悪感は抱かなくなるのではないかと思います。

よくビジネス書には、**「相手のことを好きになってあげなさい。それが人間関係のコツです」**などと書かれています。それには、この「親指立て作戦」が効果的です。親指を立てて「いいね！」のサインを作っておけば、相手のことも「いいね！」と思えるようになっていくのです。

米国ミシガン大学のジェシー・チャンドラーは、実験参加者に「ドナルド」という男性について書かれたプロフィールを読ませて、「あなたはドナルドにどれくらい好意を感じるか？」と質問してみました。

ただし、あるグループにプロフィールを読ませるときは、親指を立てておいてもらいました。そして、残りのグループには、人差し指を立てた状態でプロフィールを読ませたのです。

すると、**親指を立ててプロフィールを読んだグループでは、ドナルドに対して好意的な評価が増えました**。人差し指を立てていたグループでは、そうしたことはありませんでした。同じプロフィールを読んだのに不思議ですね。

また、チャンドラーは中指を立てながら参加者にドナルドのプロフィールを読ませる実験もしています。中指を立てて相手に見せつけるのは、「この野郎！」といったニュアンスのサインです。読者のみなさんも、米国の映画やドラマで見たことがあると思います。

中指を立てながらプロフィールを読んだ参加者は、ドナルドに対して敵意を感じやすくなることがわかりました。

人と会うときには、こっそり親指を立てましょう。もちろん、中指は立てないようにします。ほとんどの人はそんなことをしないと思いますが、念のため。

初対面の人に好かれるコツ

初対面の人と会うときには、あらかじめ質問をたくさん用意しておくと良いでしょう。「ご兄弟、ご姉妹は？」「趣味は？」「週末にしていることは？」「好きな異性のタイプは？」などなど、いろいろ尋ねることです。

なぜかというと、初対面の人には質問すればするほど、それだけ好かれるから。

こちらが質問すれば、相手は当然その分話すことになりますよね。そして、**相手は話せば話すほど、こちらのことを「聞き上手だな」とか「理解力がある人だな」と感じやすくなる**のです。

米国マサチューセッツ州にあるハーバード大学のカレン・ファンは、互いに面識のない３９８名に、１９９組のペアを作らせました。そして、「お互いによく知り合うことが目的です」と伝え、15分間自由におしゃべりさせたのです。

ただし、ランダムに選んだペアの一人には、次のどちらかの指示を出しておきました。

■表４ カレン・ファンの実験結果

	相手からの好意
たくさん質問した人	5.79点
質問を控えた人	5.31点

※数値は7点満点。7点に近いほど「相手から好意を抱かれている」ことを示す

「少なくとも９つの質問を自分からしてあげてください」
「自分からする質問は、多くとも４つまでにしてください」

15分間のおしゃべりが終わったところで、ペアで何も指示されなかった人に、相手に対する好意を７点満点で尋ねてみました。すると、表４のような結果になったのです。

この数値の差には、統計的に意味がありました。**たくさん質問するほど、相手に好かれやすくなる**ことがわかったのです。

人に好かれることは、そんなに難しくありません。最初に自分からちょっとだけ質問して水を向ければ、後は相手が勝手にしゃべってくれます。さらに、相づちを打ったり、会話を広げたりすれば、それだけで相手に好かれます。

「聞き上手ほど好かれる」というのは本当のことです。

そうはいっても、こちらから何も言わなければ、相手だって話すことができません。ただ黙っていることが、聞き上手ではないのです。**「聞き上手になる」ということは、結局のところ、**

「質問上手になる」ということだと言えます。

質問するときのコツは、できるだけ「はい」「いいえ」では答えられない、回答の自由度が高い聞き方をすることです。「はい」「いいえ」で答えられたら、会話がすぐに終わってしまいます。「映画を見に行きますか?」ではなく「どんな映画が好きなんですか?」と言ったほうが、質問としては良いわけです。

鶏口《けいこう》となるも牛後《ぎゅうご》となるなかれ

どんなに優秀な人でも、さらに優秀な人たちに囲まれていたら、自信を失ってしまうと思います。

たとえば、せっかく一流企業に入社しても、周りがすごい人たちばかりなら、自分はそんなに優秀でも有能でもないと感じて、自尊心が低くなるかもしれません。それなら一般の企業に入って、周りの人たちから「仕事のできる人」と思われたほうが、精神的には好ましいでしょう。

また、ある中学生が自分の実力よりも高い偏差値の高校を受験し、運良く合格するとします。けれども、おそらくその生徒はレベルの高いクラスメートに囲まれて自尊心が下がり、辛い高校生活を送ることになると予想されます。

むしろ、ワンランク下の高校に入れば、3年間ずっとトップクラスにいることができるでしょう。クラスメートたちからも「できるヤツ」と思われ、晴れやかな高校生活を送ることができるはずです。

イスラエルにあるハイファ大学のモーシェ・ゼイドナーは、「超優秀」と判断された1020名の小学生について調査を行っています。調査対象の子どもの半数は、普通の子どもと一緒に授業を受けるレギュラークラスに在籍していました。残りの半数が在籍していたのは、超優秀な子どもだけを集めた特別クラスです。

すると、**特別クラスにいた子どもたちは自分だって超優秀なはずなのに、ネガティブな発言を多くしている**ことがわかりました。他の子どもたちも超優秀なため、「私は頭が悪い」「私は物覚えが悪い」「私は試験ができない」と考えるようになってしまったのです。

私たちは自分と周りにいる人たちを比べて、自己概念を形成していきます。たとえ自分が優秀であっても、周囲にも同じように優秀な人たちが多くいると、自分に自信を持てなくなり、自己評価も低くなってしまうのです。

「鶏口となるも牛後となるなかれ」という言葉があります。牛の体のような大きな集団に属していても、その末端にいるようでは意味がない。たとえ鶏の体のように小さな集団でも、その長でいたほうが良い、という意味です。

この言葉は、心理学的にもまさに正しい表現です。

たとえ一流企業や一流校に所属していても、後ろのほうでヒイヒイ言いながらくっついているよりは、**二流、三流であっても、トップにいたほうが絶対に気持ちが良い**でしょう。狙うなら、「鶏口」のポジションです。

日常生活でも、背伸びをして高級住宅街などに住んでみたところで、周囲がお金持ちばかりだと、なんだか自分をみじめに感じるかもしれません。見栄を張って、いらない高級外車などをローンで買ってしまう恐れもあります。

そんなふうに周りと競おうとするよりは、郊外や田舎に広々とした庭つきの家でも建てたほうが、幸福を感じることができるはずです。

人間、何事もムリをしてはいけないということですね。

「人前で話すのが苦手」はウソ？

出世をしてリーダーや班長になると、メンバーの前でスピーチをしなければならないときもあります。

おそらく大半の人は初めてスピーチをするとき、「あぁ。自分は話すのがものすごくヘタだ」と思うことでしょう。しどろもどろになってしまって「本当に最低のスピーチだ」とショックを受けてしまうかもしれません。自分で点数をつけたなら、おそらくは全員が「0点」という厳しい判定を下すのではないでしょうか。

しかし、ですよ。実際にはそんなにも悪くないはずなのです。

特にスピーチについて言えば、私たちの自己評価はものすごく厳しくなりがちな傾向にあります。そこまでひどいスピーチでなくても、本人にとっては「いや、こんなのは最低だ」と思い込みやすいのですね。

米国スタンフォード大学のポール・ピルコニスは、内気さを測定する心理テストにおいて7点満点で4点以上の「内気な人」にスピーチをしてもらいました。地元の赤十字からの依頼という名目で、「みんなで献血をしよう」という内容です。

その後、自分のスピーチに点数をつけさせると、内気な人たちですから、当然ものすごくひどい点数をつけました。「自分は手も声も震えていた」「うまくできなかった」と、さんざんな自己評価をしたのです。

また、スピーチのときにはビデオ撮影をしていました。

ピルコニスは、ビデオに撮ったスピーチ動画を男女各５名の合計10名の判定者に見せて、スピーチに点数をつけてもらいました。**その結果、「そんなに悪くない」という評価が得られた**のです。

さらに、ピルコニスは内気でない人たちにも同じスピーチをしてもらって、そのビデオを判定者に見せました。その結果、**内気な人もそうでない人も、スピーチのうまさはそんなに変わらない**、と判定されることがわかりました。

結局のところ、人はどうしてもスピーチをすると自分ではうまく話せなかったと思ってしまうのですが、実際はそうでもないのです。

朝礼や式典などで話さなければならなくなったときにも、心配はいりません。「良い話をしてやろう」などと気張ることなく普通に話をすれば、まずは合格点が取れるはずです。自分では緊張して声が震えるように感じるかもしれません。けれども、見ている人からすれば、そんなのは気にならないレベルであることがほとんどです。

私は大学で先生をしているので、学生たちの前で講義をします。10年以上も講義をしてきましたが、いまだに慣れません。やはり、自分ではほとんど最低なプレゼンテーションしかできていないと思っていますが、学生たちからの評価はそんなにも低くないのです。

私たちは、**自分に対してはとても厳しい点数しかつけない**ものです。けれども、実際にはそんなに悪くないはずですから、気楽に考えると良いでしょう。

いつも一緒にいる人同士が似てくるのはなぜ？

口グセや振る舞いなどが、いつも一緒に行動している人となぜか似てきてしまうことがありませんか？

仕事で上司や先輩が行う方法を真似しようとすると、方法そのものだけではなく、話し方や身振りのクセまでいつのまにか同じようになってしまうのですね。このように「真似しすぎて」しまうことを、心理学では**〝過剰《かじょう》模倣《もほう》〟**と言います。

「日本細菌学の父」と呼ばれる北里《きたざと》柴三郎《しばさぶろう》は、ドイツ留学中に細菌学者のコッホに師事しましたが、医学の知識や研究方法だけでなく、他のことまで真似してしまいました。それは「歩き方」。コッホと北里は、並んで歩いているときにまったく同じ歩き方をしたそうです。

以前、本で読んだ話をご紹介します。恩師のコッホが訪日したときに、北里はいろいろな場所へ案内したそうです。そのときに、コッホと北里の歩き方があまりにも似ていておかしかったと、北里の夫人はその本の中で回想していました。

私たちは、自分でも知らないうちに過剰模倣をしてしまうようです。

それを裏づけるデータをひとつご紹介しましょう。

イギリスにあるヘリオット・ワット大学のニコラ・マギガンは、何名かの大学生に箱を分解する作業を行わせました。作業の前には、他の人が箱を分解しているビデオを見せました。ビデオの中では、作業をする人が箱の分解には必要ない行動もいくつか取っていました（ボルトを何回か叩く、アルミニウムの棒を箱の穴に差し込むなど）。

すると、**そのビデオを見た大学生の70％は、箱を分解するうえでは意味のない行動を真似した**のです。そんなことをする必要がまったくないのは明らかでした。それでも同じような行動を取ったのです。

読者のみなさんも、もしかすると自分では気がつかないうちに、上司や先輩と同じような振る舞いを身につけているかもしれません。仕事や食事の仕方、話し方、歩き方など、いろいろなところが似ているでしょう。

私は仕事柄いろいろな企業の方とお会いします。相手が2人や3人だと、みなさんどことなく雰囲気が似ていて同じような身振りをするので、ほほえましく感じることもあります。**同じ職場で働いていると、ヘンなところまで似てきてしまう**のですね。

周りから「成功する」と思われる人の特徴

「大丈夫、なんとかなるよ」「私ならきっとうまくいくさ」。こんな感じで、明るいことばかり考える人がいます。楽観的な性格の人です。反対に、「絶対にうまくいかない」「確実に失敗する」と、ネガティブなことばかり考えてしまう人もいます。こちらは、悲観的な人と呼ばれます。

楽観的な人は、なぜか周囲の人にも、「あの人は事業でうまくいく」と思われやすいということが確認されています。

フランスにあるコートダジュール大学のイザベル・ミラベは、図書館やスーパーマーケットに一人でいる人に声をかけ、「ドミニク」という人物のプロフィールを読ませて、その印象を尋ねるという実験をしています。

ちなみに、フランスでは「ドミニク」は男性にも女性にも使える名前です。性別による印象をなくすために、あえてわかりにくい名前を選んでいます。

なお、ドミニクについての記述は5つのバージョンがありました。プロフィールの80％が悲

■表５ イザベル・ミラベの実験結果

	80%悲観	60%悲観	ふつう	60%楽観	80%楽観
成功の見込み	2.65点	2.85点	3.43点	3.73点	4.71点
プレステージの高い仕事につける見込み	3.03点	3.18点	3.62点	3.96点	4.19点

※数値は7点満点。7点に近いほど「見込みが高い」ことを示す

観的に書かれているもの、60％が悲観的に書かれているもの、80％が楽観的に書かれているもの、60％が楽観的に書かれているもの、そして、プロフィール全体がふつうに書かれているものです。

回答者にはドミニクについての記述を読ませた後で、「この人が、仕事で成功する見込みはどれくらいか？」「この人は、プレステージの高い仕事につけると思うか？」を7点満点で答えてもらいました。

その結果、表5のようになりました。

数値を見てのとおり、**本人が楽観的であればあるほど、「この人なら、うまくいくんじゃないかな」と評価されている**ことがわかります。

アメリカの心理学会会長を務めたマーティン・セリグマンの著書に、『オプティミストはなぜ成功するか』（講談社）があります。やはり、楽観的な人ほど仕事もうまくいきやすいのです。

実際に楽観的な人は、なぜか仕事がうまくいってしまうことが多いのです。その理由は、**周囲の人たちも「あの人ならうまくいくだろう」と考えて、いろいろとサポートしてくれるから**かもしれません。

仕事で出世したいとか、大金持ちになりたいというのなら、できるだけ楽観的なほうが良いですよ。たとえ不安を感じていても、口に出してはいけません。「なあに、大丈夫」「絶対、うまくいく」などと言うようにしましょう。

そういうことを話していれば、周囲の人たちも安心しますし「信頼してついていこう」という気持ちになるでしょう。

コンプレックスを克服するには

今回はコンプレックスの克服方法について考えてみましょう。

たとえば、人前でどもったり、赤面したりすることに悩んでいるとしましょう。こういったコンプレックスは自分で直すこともできるのです。

米国ワシントンDCにあるアメリカン大学のルース・エーデルマンは、大学生向けプログラムで、**〝社会恐怖〟**と診断された男女を集めました。社会恐怖とは、人付き合いが苦手でいろいろトラブルを起こしてしまう人たちです。

エーデルマンは彼らに対して、毎週こなすべき課題を与えました。たとえば、「今週は人の多いところに出向いてください」とか、「今週は知らない人に5人、『こんにちは！』と声をかけましょう」といったものです。

半年後、彼らに人前でスピーチをしてもらいました。

人前でのスピーチは、社会恐怖でない人にとって大きなプレッシャーになります。それにもかかわらず、**毎週の課題をしっかり行っていた人たちは、不安もなく堂々とスピーチをするこ**

とができました。

エーデルマンは「課題はとても大切で、それさえ行えばセラピストも不要」といったことまで言っています。

紀元前300年頃のこと、大雄弁家と呼ばれたデモステネスはひどいどもりでした。けれども、デモステネスは荒れ狂う海に向かって大きな声を出す練習や小石を口に含んだ状態で行う発声練習などをして、どもりを自分で克服してしまいました。

同じようなことは、私たちにもできるはず。

何かコンプレックスを持っているなら、まずは頑張れば自分でもできそうな「課題」を作ってみましょう。**最初はとても簡単な内容のもので良い**と思います。そして、それをクリアしたら、次はほんのちょっとだけ難しいもの、さらにもうちょっとだけ難しいもの、という具合に、難易度を上げていくのです。

こうしたことを数カ月続けるだけで、見違えるように自己成長できます。課題のハードルが高すぎるときには、もっとレベルを下げても良いでしょう。課題の設定には絶対的なルールなどありませんから、自分で自由に決めて良いのです。

たとえば、ダイエットをしようと決めたら、最初の課題は「家の外に出る」だけでも良いかもしれません。最初から雨の日も風の日も毎日10キロのジョギングをする、といった厳しい運動でなくても良いのです。また、きつい食事制限をするのではなく、「おやつは我慢」といったゆるめの決まりでも良いでしょうね。

自分に課題を出すようにすると、それを達成するのが面白くなってきます。そうしているうちに、コンプレックスも克服することができます。**コンプレックスを抱えているからといって、必ずしもカウンセリングを受ける必要はありません**。自分で自分に課題を出して、それをクリアしていれば人は変わっていくのです。

社員の一体感を高める簡単な方法

職場でのラジオ体操は、取り入れたほうが良いでしょう。一緒に動きを合わせれば、社員の一体感が高まり、絆が強化されます。毎朝ほんの10分程度の時間を使うだけで「社内の和」が生まれるのですから、すぐに始めていただきたいと思います。

軍隊や教会、コミュニティなどで、一緒に歌を歌ったり踊ったり、行進したりするのはなぜでしょうか。その理由は、このような活動が**〝シンクロニー（同調傾向）〟**を高めて、メンバーとの心理的な絆を強める働きをするからです。

「一緒に何かすると、私たちはとても仲良くなれる」ということを、昔の人たちは経験的に知っていたのかもしれません。

米国スタンフォード大学のスコット・ウィルターマスは、3人組のグループをいくつか作らせ、キャンパスの周囲を歩いてもらう、という和やかな実験をしたことがあります。

ただし、あるグループには「手の振りや、歩調などを合わせて歩いてきて」とお願いして、残りのグループには「3人で普通に歩いてきて」と伝えました。

散歩が終わったところで、それぞれのグループに、協力して行うゲームをしてもらいました。すると、**歩調を合わせて歩いたグループのほうが、協力が増える**ことがわかりました。歩調を合わせて歩いていると、シンクロニーが高まり互いに協力するようになったのです。

次にウィルターマスは、それぞれのグループに一緒に歌を歌ってもらいました。それでもやはり、歩調を合わせて歩いたグループではより協力反応が見られました。

同じ動作をしていれば、一体感が高まるのです。

ラジオ体操では、まさにみんなで同じ動作をします。ウィルターマスの実験で見られたように、協力反応が増えることが予想されるのです。

「どうも、うちのチームはみんなギスギスしている」

「うちの社員は、お互いに挨拶もしない」

「普段、うちの職場は静まり返っていて、ほとんど会話もない」

もし、そんな悩みを抱えているのなら、**騙されたと思って朝のラジオ体操を取り入れてみてください**。最初は、みんなイヤイヤ行うかもしれません。でも、そのうち一緒に身体を動かすことが楽しくなり、仲間意識も芽生えていきます。良い影響があるのです。

もし社歌があるのなら、みんなで歌うのも良いですね。何人かで歌うときは、全員で音を合わせなければなりません。そうやって同じ行動を取っていれば、間違いなく仲良くなれます。

助けを求めるなら朝が良い

私たちの心は、時間帯によってさまざまに変化します。朝のうちであれば、たいていの人は理性的で、道徳意識も高いことがわかっています。

たとえば、電車内で痴漢を捕まえたり、**困っている人に率先して声をかけたりするのは、朝のほうが多い**のです。空き缶が落ちていれば、拾ってごみ箱に捨てるかもしれません。朝は、誰でも立派な言動ができるのですね。

ところが、午後、そして夕方になると、そうしたモラル意識はどこへやら。困っている人がいてもなんとなくそのまま放ったらかしにしたり、見てみぬふりをして通り過ぎてしまったりすることもしばしば……。

「これが同じ人なのか!?」と思うほど、人間は時間帯によって言動が変わってしまうのです。

米国ハーバード大学のマリアム・コーチャキは、これを**〝朝の道徳効果〟**と呼んでいます。

コーチャキは４つの実験によって、**午前中のほうが午後よりもウソをついたり、ごまかしたりしなくなる**、という結果を得ました。

では、なぜ午前中のほうが道徳意識は高いのでしょうか。コーチャキによれば、**〝セルフ・コントロール力〟**が関わっているとのこと。

道徳心を働かせるためには、「よし、やろう！」と自分で自分を律する精神力、すなわち、セルフ・コントロール力が必要になってきます。この力は体力などと同じように、使えば使うほど減っていくのです。

午前中には、まだセルフ・コントロール力が高いので立派な言動もできます。けれども、我慢してしたくもない仕事をするためなどにセルフ・コントロール力を使っていると、次第にその力は減っていきます。すると、午後にはどうしても道徳意識を持てなくなるのです。

何か困ったことがあって人に援助を求めたいのであれば、午前中が良いかもしれません。午前中であれば、人の倫理・道徳意識は高いでしょうから、快く援助を申し出てくれる確率も高いだろうと予想できます。

ところが、午後の遅い時間に「ねえ、ちょっと助けてよ」と依頼しても、体良く断られてしまうことが多くなるでしょう。「義を見てせざるは勇無きなり」とはいかないのですね。たいていの人は面倒な気持ちのほうが勝ってしまい、手を貸してくれなくなります。

もちろん、それは**相手が冷たい人だからではありません。人間なら誰でもそう**なのです。朝のうちには道徳意識が高い人でも、午後になって精神力を使い果たしていると、なかなか他の人のことにまで目が向かなくなるのは自然なことです。「なんで助けてくれないんだよ！」と相手のことを悪く思ってはいけません。

みなさんだって、午後になって疲れてきたら、他の人に対して同じことをしてしまうでしょうから。

性格が顔だちを変える？　顔だちが性格を変える？

よく、**「心がきれいな人は、顔だちもきれい」**と言われることがあります。心理学的には、これは本当のこと。

毎日楽しく暮らしていて、常に幸せな気分でいて、明るいことばかり考える性格の良い人は、顔だちも自然と良くなっていきます。性格が良ければニコニコと笑顔になる頻度が増え、笑顔を作る表情筋が鍛えられて、にこやかな顔だちになっていくのです。

これを**〝ドリアン・グレイ効果〟**と言います。

オスカー・ワイルドの長編小説『ドリアン・グレイの肖像』では、主人公のドリアン・グレイがひどい行為をすればするほど、肖像画に描かれた自分の顔が醜く変貌していきます。ドリアン・グレイ効果は、この小説に由来する心理学用語です。

米国マサチューセッツ州にあるブランダイス大学のレスリー・ゼブロウィッツは、子どもを60歳になるまで追跡調査するという、非常に時間のかかる研究をしています。参加者たちは一定の年齢で性格テストを受け、そのたびに顔写真を撮影されます。そのテストの結果と顔写真を見ることで、「性格によって顔だちが変わっていく」のかどうかを調べられるのです。

するど、たしかにドリアン・グレイ効果が見られました。性格テストで**攻撃性が高いと判定された人は、それから何年かすると少しずつ不機嫌そうな顔**になっていました。**悲観的と判定された人は、数年経つと悲しい表情の顔だち**になっていました。

けれども**ドリアン・グレイ効果は、なぜか女性だけに見られた**のです。**逆に、男性では顔だちが性格に影響していました**。まったく反対です。

男性の場合、子どもの頃から顔だちが良い人（つまりイケメン）ほど、性格的にも陽気で自信に溢れ、社交的な性格になっていく傾向がありました。顔だちが良くない男の子は大人になるにつれ、悲観的で自信がなく、引っ込み思案な性格になっていくのでした。

男性では、顔だちが性格に影響を与えるようです。顔だちが良い男の子は、誰からもチヤホヤされるでしょう。学校の先生など周りの大人も、「キミは立派な人間になるよ」などと期待をかけるので、本人もその気になるのです。

「性格がきれいになれば、顔だちもきれいになっていく」ということは、残念ながら、女性には当てはまるかもしれませんが、男性には当てはまりにくいようです。

もし性格を明るくしたいなら、男性の場合はメイクなどをした方が効果的かもしれません。

相手が大きく見えたら要注意

仕事で人に会うとき、もし相手が実際よりも大きく見えるのであれば、それは心理的に威圧されている証拠。そのまま交渉や打ち合わせをスタートすると、おそらくは相手の言いなりになり、大きく譲歩させられることになるでしょう。

私たちは、威圧されたり弱気になっていたりすると、相手が大きく見えてしまいます。

米国ニューヨーク州にあるコロンビア大学のアンディ・ヤップは、強気な人と弱気な人に、自分と同じ性別の人物の写真を見せて、身長と体重を推測してもらいました。実験参加者の推測と、写真の人物の実際の身長と体重の差を測定し、どれくらいのズレがあるのかを調べてみたのです。

たとえば、実際は身長が172センチなのに177センチと見積もったり、65キロの体重を70キロと見積もったりすれば、相手が大きく見えてしまっていることになります。

調査の結果、**強気な人は相手を「実際よりも小さく」、弱気な人は相手を「実際よりも大きく」見やすい傾向がある**ことがわかったのです。

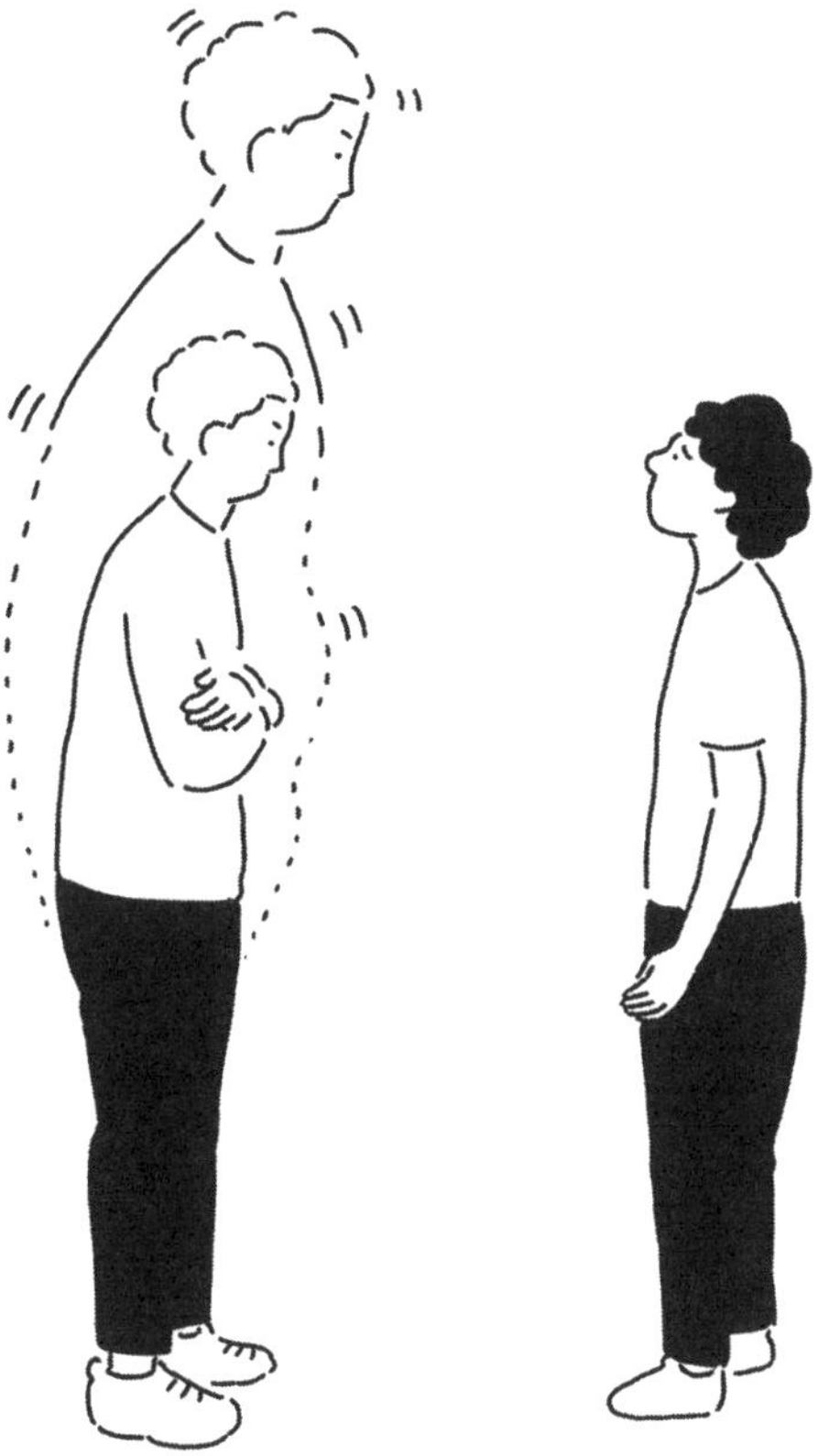

次にヤップは、参加者と写真の人物を実際に対面させ、同じように身長と体重を推測させせました。結果はやはり同じ。**弱気な人は、どうも相手を大きく見てしまう傾向がある**と言えるでしょう。

「相手が大きく見える」ときは要注意です。

そうしたときは心が弱気になっているという証拠。お茶を飲むなり目を閉じるなりして、心を落ち着けてください。

受験でも同じことが言えるでしょう。自信のない受験生は、試験会場につくと他の受験生が大きく見えてしまうはずです。それは、心が動揺しているから。試験でも良い結果が残せなくなってしまうかもしれません。

自分の書いたノートを見返すなり、お守りを握り締めるなり、大好きな音楽を聞くなりして、**まずは平常心を取り戻すことを考えたほうが良い**でしょうね。

また、初めて海外旅行に出かけると、緊張していることもあって、外国人がものすごく大きく見えてしまうことがあります。それでもしばらく滞在していると、そのうち慣れてきて「そんなに大きくもないか……」と冷静に判断できるようになります。

人は、不安になったり弱気になったりすると、他の人が大きく見えてしまうのです。

第3章

なんだか不気味な心理学研究

復讐《ふくしゅう》されるとしたらいつなのか？

仕事で上司からさんざん嫌味を言われた人は、復讐するかもしれません。上司にお茶を出す際に、ぞうきんを絞った水で入れるとか……。お客さまにしつこくクレームを言われて腹が立った店員は、わざと汚れた包装紙で商品を包むかもしれません。

私たちはどうも気に入らないことがあると、仕返ししてやろうという気持ちになるようです。その気持ちはわかる気もします。ただ、心の中で悔しい思いをしても、さすがに実行するのはためらうように思えます。実際にはどれくらいの人が復讐を実行するのでしょうか。

オランダにあるティルブルフ大学のマージェ・エルスホウトは、国民全体の代表的なサンプル1767名に、どれくらい復讐するかを尋ねてみました。

すると、なんと**37・6％の人が実際に復讐する**ことがわかったのです。約4割ですよ。現実に復讐する人は、思いのほかずいぶんと多いようです。

ただしエルスホウトによると、**復讐する人は相手にされたことをそのままやりかえすのではなく、別の方法で復讐する**ことが一般的であるとわかりました。

たとえば、悪口を言われたら、自分もどこかでその人の悪口を言うのではなく、相手の車にこっそりと傷をつける、などを行っていたのです。なんだか、陰険ですね。

また、復讐を決意しても、1分以内に実行することはあまりないこともわかりました。さすがに直後では、相手にもバレてしまうからでしょうか。

一番多いタイミングは数日後。**復讐したくなった人の64・7％は、復讐するタイミングに「数日後」を選びました。「一週間以上待ってから」という人も多く、48・2％にのぼりました**（複数の復讐についての回答なので、合計の数値が１００を超えています）。

もし誰かの気分を害するようなことをしてしまったら、**しばらくの間は身の周りに気をつけていなければなりません**。

「まあ、少し言いすぎたかもしれないけど、たぶん水に流してくれるだろう」と思うのは、ずいぶん虫の良い話でしょう。自尊心を傷つけられた人は復讐してやろうと、虎視《こし》眈々《たんたん》と機会を狙っているかもしれません。そんなに簡単に許してくれるとは思わないほうが良いでしょう。

それよりも、普段の人付き合いにおいてなるべく相手に気を遣ったほうが良いでしょう。できるだけ人から好かれるよう、言動に注意していれば、怯えずにすみます。

興奮しているときの困った習性

性的な欲求を感じてムラムラしている人は、ご注意ください。何気ない相手の行動も、すべて「自分を誘惑している」と感じてしまうからです。私たちは理性を失うとそういった勘違いをしやすくなります。

米国ネバダ大学のピーター・レリックは、興奮した男性は女性のどんな行動でも「誘惑」と受け取ってしまうのではないかと考えました。

レリックは、ポルノを見せて十分興奮させた男性に、女性が取る25の行動について「性的に誘惑していると思うかどうか」を判断してもらいました。25の行動には「まったく性的な誘惑を感じさせないもの」「ほどほどに誘惑を感じさせるもの」「かなり露骨に誘惑しているもの」を用意しました。

誘惑を感じさせない行動には「ランチに行く」「香水をつけている」「むこうから話しかけてくる」といったもの、ほどほどに誘惑を感じさせる行動には「隣に座る」「電話番号を教えてくれる」といったものがありました。そして、露骨に誘惑している行動は「自分の裸の画像を送ってくる」などです。

さすがに女性と「ランチに行く」くらいでは、性的な誘惑と誤解する男性はいないように思います。けれども、ポルノを見せられて興奮している男性は違いました。**ほとんど誘惑など感じさせない行動さえ、「これは誘惑だ」と判断することが多かった**のです。

女性にはそのつもりがないのに勝手に「誘惑している」と勘違いして、強引に女性に迫る男性もいるようです。**そうした男性は、興奮して我を忘れている**のでしょう。冷静さを失わないようにしたいものです。

昔の恋愛本などには、あまり女性とのお付き合いに慣れていない人は、デート当日の朝に自慰行為をして、すっきりしてから出かけなさい、といったアドバイスが書かれていることもあります。おかしなアドバイスと思われるかもしれませんが、理性を失わないためにはとても有益だと思います。すっきりして落ちついていれば、スマートに振る舞えるはずです。

「私はおかしなことをしないから大丈夫だよ」と思う男性もいるでしょう。ただ、興奮したらどうなるかわからない気もします。日本で行われた調査によると、女性の13人に一人は男性から無理やりセックスを強要された経験があることがわかっています。**女性の行動を誘惑だと誤解する男性は、予想以上に多い**ことがうかがわれます。

多くの人が忘れようとすること

私たちの記憶はコンピューターのデータベースと違って、時間とともにどんどん忘却されていく傾向があります。

この傾向は誰にでも同じように見られます。すべてを記憶していたら脳みそがパンクしてしまうので、いらない情報はどんどん忘れられていきます。これが自然な忘却のメカニズムなのです。

ところが、その忘却にも法則があります。

むやみやたらに何でも同じように忘れるのではなく、**「自分に都合の悪いこと」から優先的に忘れていく**のです。人間の脳みそにはずる賢いところがあって、都合の悪いものほど、さっさと忘れようとするのでしょう。

アメリカ国立がん研究所のロバート・クロイルは、ソルトレイクシティの住民に対して、新聞やラジオで「ユタ大学のコレステロール検査を受けてみませんか?」という募集を行いました。そして、実験参加者496名のコレステロール検査を行ったところ、46・0%は「正常」

表６ ロバート・クロイルの調査結果

	「正常」の人たち	「やや危険」の人たち	「危険」の人たち
コレステロール値を実際よりも少なく見積もった人の割合	37.1%	33.8%	52.8%

な数値、28・2％は「やや危険」、25・8％は「危険」という結果が出ました。参加者たちには、自身の数値をしっかりと伝えました。

さて、それから1カ月後、3カ月後、6カ月後に、クロイルは参加者たちに連絡を取って、「あなたの検査の数値はいくつでしたか？」と尋ねてみました。

3回にわたる質問で、実際の数値よりも少なく見積もった人たち、すなわち「自分は健康」という方向に記憶が歪んだ人たちの割合の合計を出してみると表6のようになりました。

検査の結果、**検査で「正常」や「やや危険」と知らされた人たちは比較的正しい数値を覚えていました**。自分には大きな問題がない、ということがわかって嬉しかったのでしょう。

ところが「危険」という結果が出た人たちは違いました。**半数以上が数値を忘れているばかりか、「自分は健康」という方向に記憶が歪んでいた**のです。

たとえば、実際のコレステロール値が350だったのに、330や280などの少ない数値を答えたのです。

「あなたのコレステロール値は危険な水準です」という診断結果は、本人にとってはあまり知りたくない情報ですよね。そうした情報を覚えておくことは、苦痛でしかありません。ですから、私たちの脳みそはそんな記憶はさっさと忘れようとします。いや、**忘れるだけでなく、むしろ間違った方向に歪めようとする**のです。

自分の記憶を信用してはいけません。

人間は、自分にとって都合の悪いことはそんなに正しく覚えていられないのです。

人は「見られている」と思うと悪いことをしない

スーパーマーケットやデパートの駐車場には、身障者用の駐車スペースが用意されています。身障者にとって、お店の出入り口のすぐそばに駐車スペースがあると、安全かつ快適に利用できるでしょう。

ところが、世の中にはまったく思いやりのない健常者がいるものです。そういう人は、身障者のためのスペースだというのに、平気な顔で駐車していきます。

米国ノースカロライナ州にあるイースト・カロライナ大学のジョン・コープは、どうすれば身障者用のスペースに、健常者が駐車しないようになるのかを考えてみました。

コープは、まず大きなスーパーマーケットにある4つの身障者用の駐車スペースで観察を行いました。午後4時から6時、あるいは午後4時半から6時半を観察の時間に当てました。

それらの駐車場では、身障者用の駐車スペースの地面に、黄色の身障者マークが描かれていました。けれども、**違法駐車は69・3%にのぼりました**。身障者用のスペースに駐車していく人の約7割が健常者。これでは身障者用のスペースとは言えません。

コープは、身障者用マークが地面に描かれているため、見えにくいのではないかと考えました。そこで、1・4メートルの看板を地面から垂直に立ててみたのです。これなら運転手にも身障者用スペースだということがはっきりとわかるはずです。

さて、この変化によって違法駐車は減ったのでしょうか。

いえいえ、**違法駐車率は57・3%と、あまり変わりませんでした**。身障者用のスペースに駐車していく人たちは、マークに気づいていなかったのではありません。確信犯だったのです。さすがに多少減りましたが、まだ約6割の健常者が身障者用のスペースを奪っているのですから、これでは成功と言えません。

次にコープは、身障者用のマークを見せるだけではダメだと考え、警告も加えることにしました。身障者用のマークに加え、「このスペースは、意識の高い市民たちによって監視されています」という文章を掲示してみたのです。

すると、どうでしょう。**違反駐車率は27・1%まで激減**しました。それでも約3割の健常者は身障者用スペースに停めてしまうのですが、とりあえずは成功と言えるでしょう。

私たちは「見られている」と思うと、悪いことを抑制するようです。

そう言えば、最近は自動車の後ろに「ドライブレコーダーで録画中」というシールを貼る運転手が増えたように思います。これは心理学的に非常に良いアイデアです。録画されていると思えば後ろについた車も、クラクションを鳴らしたり、あおり運転をしたりしようという気持ちがそがれるでしょうから。

商店街やショッピングモールには、「監視カメラ作動中」という警告文を貼ってあるところもありますね。やはり、これも良いアイデアです。監視されていると思えば、他の買い物客とケンカしたり、万引きしたりしようとする気持ちもずいぶんとそがれるだろうと、心理学の観点からは予測できます。

私たちは他の人に見られていると思えば、そんなに悪いことはしないものなのです。

実際に行っているかどうかは別として、**「監視してますよ」「録画してますよ」と伝えるのは、ものすごく良いアイデア**だと言えます。

心が不安定になる「危険な年齢」

29歳、39歳、49歳など、**これからひとつ上の年代に入る前に、人はあれこれと自分自身のことを振り返る傾向があります**。

「あぁ、自分はもうすぐ30代になるのかぁ」

「40代も、もう終わりかぁ」

そうして、いろいろと考えさせられることが多くなるようです。

米国ニューヨーク大学のアダム・アルターは、29歳、39歳、49歳などの人生の節目が近づいた人ほど、何かしら自分にとって意味のあることをしたがることを突き止めました。**いきなり熱心にボランティア活動を始めたり、なぜか浮気をしようとしたり、自殺をはかったりするのは、こうした年齢を迎えた人たち**だったのです。

毎年、元旦になると「今年はこんなことをするぞ!」と新年の抱負を語る人が増えます。年齢の節目が近づいたときも、似たようなことが起きるのです。

もちろん、何か新しいことを始めようと決意するのは良いことかもしれません。ただ、**おかしなことを始めようとする人も増えるので、その点は注意が必要です**。

たとえば、59歳になってもうすぐ定年だというのに、いきなり会社を辞めて起業する、といったこともあるかもしれません。「俺はずっと憧れていたパン屋さんになるんだ！」といった決意は立派だと思いますが、あくまでも家族の同意を得てから始めなければならないでしょう。そうしないと、家族に迷惑をかけてしまいます。

人生の節目が近づくと、そうした気持ちになりやすいので気をつけてください。もし読者のみなさんに19歳の子どもがいるなら、彼らの変化にも敏感になりましょう。19歳になったら、いきなり自殺や家出をしようとするかもしれない、と心理学では予想できるのです。

ひとつ上の年代に入る人は心理的に動揺しやすかったり、気分も浮ついていたりします。周囲の人たちが変化に気をつけなければなりません。

また、69歳になってからいきなりスポーツを始めるのも悪いことではありませんが、「年寄りの冷や水」になり、健康を害してしまうかもしれません。極端に何かムリなことをしようとしていたら、周囲の人が止める必要も出てくるでしょう。

人生には「危険な年齢」があります。それは「9のつく年齢」と覚えておきましょう。29歳、39歳、49歳など、自分が9のつく年齢になったときには「何かおかしなことを始めるかもしれないから、気をつけなければ」と自戒する必要があるかもしれません。

失敗ばかりしてしまう人

人間には面白いところがあって、「ミスをしませんように」と願えば願うほど、かえってミスをしてしまうことが少なくありません。

お客さまにお茶を出すときに、「転びませんように、転びませんように……」などと気をつければ気をつけるほど、お客さまの手前で転んでお茶をぶちまけてしまうことでしょう。

こういった現象を、**〝皮肉効果〟**と言います。

私が上司なら、部下や後輩に「うっかりミスだけはするなよ」などといったアドバイスは絶対にしないでしょう。そんなことをすれば、よりうっかりミスを誘発することになってしまいます。

子どもが発表会に出かけるときも同じです。「セリフをとちるなよ」とか、「演奏でミスをしないように」などと声をかけるのは、まったくありがた迷惑なのでやめたほうが良いでしょう。

特に、あれこれとすぐに悩んでしまうような神経質な人には、余計なアドバイスをしてはいけません。なぜなら、**神経質な人のほうが皮肉効果が起きやすい**、ということを示すデータがあるからです。

イギリスにあるバンガー大学のマシュー・バーロウは、大学のサッカーリーグの選手67名を集めて50項目の心理テストを行い、彼らが神経質かどうかを調べました。そして、20回のペナルティ・キックを2セットやってもらいました。

通常のペナルティ・キックと違い、この実験ではゴールキーパーを置きませんでした。ゴール中央の幅１００センチ、高さ２４０センチのエリアを「ターゲット」、キッカーから見てゴール右隣の幅１００センチ、高さ２４０センチのエリアを「皮肉なエラー」と設定しました。そして、キッカーから見てゴールの左隣は、同サイズの「エラーでない」エリアとしました。

キッカーはターゲットに蹴り込むことができれば10点、皮肉なエラーのエリアならマイナス5点、エラーでないエリアなら0点を与えられました。

さて、実際にボールを蹴ってもらうと、なぜか**神経質と判断された人ほど皮肉なエラーのエリアに蹴り込んでしまう確率が高くなる**ことがわかりました。「あそこにだけは蹴っちゃダメだ」と思えば思うほど、そのエリアにボールを蹴り込んでしまったのです。

なんとも残念なことですが、神経質な人は「やってはいけない」ことを普通の人以上に考えてしまうようです。そのため、皮肉効果も普通の人以上に起きやすくなってしまう、と言えます。

実は私も大変に神経質な性格で、小さな頃は「運動会で転びませんように」と神棚に向かってお願いをしてから出かけたというのに、徒競走で転んでビリになりました。受験のときには「風邪だけはひきませんように」と神さまにお願いしたのに、なぜか高熱が出て、死にそうな状態で受験を乗り切った記憶もあります。

神経質な人は、あまりマイナスなことは考えないほうが良いみたいですね。それでもやっぱり考えてしまうのが、神経質な人の性質のひとつだとは思いますが……。

「厳しい判決」が出るとき

みなさんは、裁判官が法律と事実に基づいて、ものすごく機械的に判決を下しているとお考えでしょうか。実はそんなことはありません。裁判官はロボットではないので、どんなときでも法律だけに基づいて判決を下せるわけではないのです。

判決を待つ側からすると、裁判官の判断がころころと変わってしまうのは、まことに困ったこと。けれども、どうもそれは事実らしいのです。裁判官だって人の子ですから、そのときどきの心理状態によって判決も変わってしまうのですね。ときには被告にとってとても甘い判決を、ときにはとても厳しい判決を下すことが、現実に起こります。

イスラエルにあるネゲウ・ベン＝グリオン大学のシャイ・ダンジガーは、1112件の裁判記録を調べました。裁判官が判決を下す時間帯と、その判決の内容の関係性を探ったのです。

その結果、**朝ごはんを食べてすぐの時間帯（午前の早い時間帯）では、裁判官は被告にとって有利な判決を下す**ことがわかりました。その時間帯に出た判決は、なんと6割以上が被告に甘いものだったのです。

ところがお昼近くになってくると、裁判官も次第にお腹が空いてくるのか、被告にとってとても厳しい判決を下すことがわかりました。被告に有利な判決は、ほぼゼロ。同じ裁判官でも時間帯によってこんなに違うのか、と思えるくらい違うのです。

お昼ごはんを食べ終わってすぐの時間帯では、また被告に有利な判決が増えました。おそらくお腹がいっぱいで満足して、他人に対して甘くなってしまうのでしょうね。

それから少し経つと、疲労が溜まってくるのか、再び厳しい判決が増えていきました。裁判官といっても、普通の人と変わるところはないようです。

ダンジガーによると、人は「休憩後にやさしくなる」という傾向があるようです。朝ごはんやお昼ごはんを食べた後は、私たちは人にやさしくなるのです。

もし私が取引先やお客さまに迷惑をかけてしまったら、相手が朝ごはんやお昼ごはんを食べ終わってすぐの頃合いを見計らってお詫びに行くでしょうね。なぜなら、そのほうが相手も「あぁ。今回の件はそんなに気にしなくて良いよ」と水に流してくれる可能性が高くなるからです。少しずるい方法ですが、こうすれば余計に怒られることはないでしょう。

上司に悪いニュースを伝えなければならないときも同じです。できれば、上司がお昼ご飯を食べ終わったタイミングが良いでしょうね。そのほうが、とばっちりを食ったり、八つ当たりをされたりせずにすむと思います。

どんな自慢が嫌われる？

普通に自慢すれば良いのに、さりげなく自慢話をする人がいます。あからさまに自慢するのは気が引けるのか、謙虚さを装うのです。本人は謙虚なつもりでも、こうした方法は逆効果。たいていは嫌われるので、やめたほうが良いでしょう。

米国ノースカロライナ大学のオーブル・セザーは、平均年齢45・53歳の646名に「謙虚さを装った自慢」の事例をいくつか紹介しました。そして、「あなたの身近にこうした自慢をする人はいますか？」と尋ねてみたのです。

謙虚さを装った自慢の例とは、だいたいこんな感じです。

「私のこと、モデルか何かだと勘違いする人が多くて困っているんだ」

「みんなが私にリーダーになってほしいって言うんだ、信じられないよね」

「化粧をしていないのに、どうしてみんな私だってわかるんだろう」

このように、さりげなく美貌や能力を自慢するのです。

調べてみると、こうした自慢をする人はとても多いことが判明しました。**70・1％の人は、**

「あぁ、いるいる。こういう人、私の身近にもいますよ！」と答えたのでした。

ちなみに、セザーは**謙虚さを装った自慢をする人の印象について尋ねる実験を8回もくり返し、そのような自慢話をする人は「ものすごく嫌われる」という結論を導きました**。

このタイプの自慢は、本人が「謙虚なつもり」だからタチが悪いのです。本人には、自慢をしているという意識はありません。けれども、それを聞かされる側にはとても鼻につくのです。

「英語は得意じゃないんです。せいぜい英検準1級を持っている程度で……」。こうしたことを言う本人は謙遜《けんそん》しているつもりかもしれませんが、相手はそう受け取りません。「さりげなさを装って……、結局は自慢したいのかよ！」とツッコミを入れたくなるのです。

人に好かれたいのであれば、自慢はゼロにして、謙虚さだけをアピールしましょう。たとえ英検準1級を持っていたとしても、「いやぁ、英語はからっきしですよ。アハハ」と言うべきです。美貌に自信があっても、「私、化粧でごまかしてるだけですよ」と言うのが無難です。

自分では謙虚なつもりなのに周囲の人から嫌われるのは、「謙虚さを装った自慢」をしているから。嫌われやすいという自覚があるなら、発言には今まで以上に気をつけたほうが良いかもしれません。

勉強するとケチになる学問

経済学という学問では、人は合理的な存在だと仮定されています。「何事も理性的に、計算しながら行動するのが人間だ」と考えられているのです。そのためか、経済学を勉強していると、なぜかものすごく打算的な考えを持つようです。自分が損するようなことは避けるようになり、不親切で冷たい人間になってしまうのかもしれません。

経済学の勉強を進めていく中で、自分でも知らないうちに「勘定に合わないことをするのは愚か者だ」という考え方が染みついてしまう危険性があるのです。

米国コーネル大学のロバート・フランクは、1245名の大学教授に「あなたは、年間に何ドルくらいチャリティにお金を寄付していますか?」というアンケートを送ってみました。すると、576名の教授から回答がありました。

アンケートを送ったのは、自然科学、社会科学、数学、コンピュータ・サイエンス、芸術など、さまざまな専門を持つ大学教授たちです。

調査の結果、**寄付額が少ない「一番ケチ」は、経済学の教授**であることがわかりました。あまり嬉しくない1位ですね。

フランクによると、**「1ドルも寄付をしない」と答えた経済学の教授は9・3%**いました。ちなみに、**他の学問を専門にしている教授では「1ドルも寄付しない」と答えたのは2・9～4・2%**でした。経済学者だけが、突出してケチだったのです。

見返りもないのにお金を寄付するのは、まったく不合理で自分が損をするだけ、と経済学者は考えるのでしょう（寄付とは、もともとそういうものですが……）。

フランクの論文のタイトルは「経済学を学ぶことは、人の協力反応を抑制してしまうのだろうか？」という問いかけになっています。結論は、まさに「イエス」。

経済学を学んでいると、自分でも知らないうちに計算高く非協力的になり、愛他主義を忘れてしまうようですから、気をつけてください。

もちろん、経済学者になれるくらいの勉強をするのでなければ、そんなには影響も受けないでしょう。**普通に経済学の本を読んだりする分には、問題ない**と思います。もし心配なら、経済学以外の本を読んだほうが良いかもしれませんね。たとえば心理学の本など（笑）。

自分が何を学ぶかで、思想やモノの見方に影響を受けることは何となく想像ができます。けれども経済学を学んでいると、非協力的で冷たい人間になってしまう可能性があるとは、ちょっと驚きですね。

寄付をする人の本当の動機

困っている人のためにお金を寄付するのは、大変に素晴らしいことです。それ自体は否定しません。けれども、人はまったくの善意から寄付しているのかというと、どうもそうではないということが明らかにされています。

「え〜っ、そんな話は聞きたくないよ！」と思われるかもしれませんね。寄付をする人の動機には、まことに人間臭いというか、自己満足というか、利己的な理由が隠されているのです。

米国カリフォルニア大学のアミハイ・グレイザーは、人は自分が気持ち良くなりたいために「見せびらかしで寄付をしている」のではないかと考えました。なぜ、グレイザーがそのように考えたのかというと、匿名で寄付をする人がほとんどいないからです。

純粋な善意からするのであれば、自分がお金を寄付したことなど、他の人にわかってもらえなくとも良いはずですよね。匿名でも何も問題はないはずです。

けれども実際に調べてみると、**寄付をする人は匿名を嫌がる**ことがわかりました。たとえばエール大学のロースクールでは、1991年の1年間だけで、なんと1950件もの寄付が寄せられました。ところが**匿名の寄付はというと、わずか4件**。たったの4件ですよ。

また、カーネギーメロン大学は1989〜1990年の1年間に、5462件の寄付を受けました。匿名の寄付は、そのうち14件。割合でいうと、0・3％です。ほとんどゼロみたいな数値です。

グレイザーによると**匿名を嫌がるのは「自分が寄付したことを見せびらかしたい」という強い動機を持っているから**。人間は虚栄心が強いのです。

ちなみに、寄付の方法を「500ドル以上の寄付をしてくださった方には、メダルや表彰状をさしあげます」といったようにすると、たいていの人は500ドルぴったりしか寄付しないそうです。ようするに、善意からではなく、メダルがほしいから寄付をしているのでしょう。

実際、500ドル以上の寄付をした人へ表彰を行っているハーバード・ロースクールでは、ある年の980件の寄付のうち、93％がぴったり500ドルだったとグレイザーは報告しています。


寄付自体は良いことでしょうが、そこはやはり人間。少し自尊心をくすぐってもらえないと、寄付をしようという気持ちにはならないのですね。なんだか残念な話ですが、寄付を募るときには相手の虚栄心をくすぐれば、たくさんのお金を集めることができるでしょう。

不快な匂いは人を厳しくする

人と会うときには、できるだけ清潔な場所を選びましょう。

たとえば、良い香りが漂う場所で会えば、こちらの印象が良くなることがあります。不快な匂いが漂っている空間では反対のことが起こります。

また、私たちは不快な匂いを嗅ぐと、他人に対して厳しい態度を取るようになってしまうことも、心理学の実験で明らかにされています。普通の状態なら許せるようなことも、不快な匂いの漂っている場所だと許せなくなってしまうのです。

イギリスにあるプリマス大学のサイモン・シュネイルは、市販の「おならスプレー」を使って、ある実験を行い、匂いによって人がどれだけ他人に厳しくなるのか調べました。

おならスプレーを使って、次の3つの条件の部屋を設定したのです。

とても不快な匂いのする部屋（おならスプレーを6フィート離れたごみ箱に8回散布）

ほどほどに不快な匂いのする部屋（おならスプレーを6フィート離れたごみ箱に4回散布）

まったく無臭の部屋（おならスプレーの散布なし）

次にシュネイルは、それぞれの部屋にいる実験参加者に「従兄弟《いとこ》とのセックスは、道徳的にどれくらい許しがたいですか？」のような、４つの道徳的な質問をしてみました。

その結果、**不快な匂いの部屋にいる人ほど「まったく許しがたい」と判断する**ことがわかったのです。**無臭の部屋で質問をされた人は「たいして問題でもない」と答える**ことが多くなりました。

私たちは、不快な匂いのする場所では道徳的に厳しくなるのです。

たとえば、オフィスが臭いと「年長者にはしっかり頭を下げろ！」とか「茶髪やピアスは禁止！」といったように、道徳的に厳しい人が増えると予想できます。きっと、口うるさい上司も増えるのではないでしょうか。

なぜそのようなことが起こるのか、その具体的なメカニズムはよくわかっていません。私は単に、臭い匂いを嗅ぐと、人に八つ当たりしたくなるからではないかと思っています。

何はともあれ、不快な匂いが好きだという人はめったにいません。できるだけ部屋を清潔にしたり、オフィスには花を置いたり、焼き立てのクッキーを出したりして、訪れた相手を良い匂いで心地良くさせることを考えましょう。

空想と現実の区別がつかない脳

私たちの脳みそには、とても面白い機能がそなわっています。それは、たとえ空想でも現実だと思ってしまうというものです。

フィクションのドラマや映画を見て涙を流したり、怒ったりするのは、私たちの脳みそがその内容を空想ではなく、現実に起きた出来事だと思ってしまうからです。「こんなのはウソだよ」と冷静に割り切って考えることができないのですね。

この機能にまつわる、心理学の実験をご紹介しましょう。

米国ペンシルベニア大学のポール・ロジンは、実験の参加者に「自分に近しい人の写真」を持ってくるようにお願いしました。親や兄弟姉妹などの写真を持ってきてもらったのです。

ロジンは、参加者たちが持ってきた写真を、ダーツの的の中央にピンで留めました。そして、その写真めがけてダーツの矢を投げさせるという実験を行ってみたのです。たとえ母親の写真がダーツの矢で穴だらけになったとしても、実際の母親にケガをさせるわけではありませんよね。写真は、あくまでただの写真にすぎませんから。

ところが参加者たちは、そういった割り切りができませんでした。私たちの脳みそは、あたかも実際の母親がその場に立っているかのように考えてしまうのです。そのため、**参加者たちは、ダーツの中央を狙うように指示されているにもかかわらず、わざと矢を外すように投げました。**

まことに不思議なことなのですが、私たちの脳みそは「写真は単なる映像であって、現実のものではない」という判断ができません。そのため、無意識に「ケガをさせないように……」と行動してしまうのです。

自己啓発書にはよく「ポジティブな空想をしていると、本当にポジティブなことが次から次へと起きるようになりますよ」とアドバイスされていることがあります。

「そんなのウソだよ」と思う人もいるでしょう。でも、心理学的には、そういうことは実際に起きると考えられます。私たちの脳みそは空想と現実をうまく分けられないので、たとえば、**自分がお金持ちになったり、出世して偉くなったりしているところをイメージすると、現実の行動もその空想に合わせて変化していく**でしょう。

「私は立派な人間なんだ」と空想していれば、立派な人間が取るような振る舞いをするようになりますし、そのうち本当に立派な人間になっていきます。「ウソから出たまこと」という言葉は、こういうときに使うのでしょう。

人が手を抜くタイミング

どんな仕事でも、初めのうちはモチベーションも高く、本気で取り組むものです。けれども、次第に飽きてきたり、面倒くさくなってきたりして手を抜くようになります。そして、仕事が終わりに近づくにつれて再び少しやる気を出す、という流れを取るのです。ズルい人でなくとも、たいていの人は作業の途中では手を抜くものでしょう。「最初と最後だけちゃんとやれば、途中はまあ勘弁してもらおう」と思うのかもしれません。

米国イリノイ州にあるシカゴ大学のノマフェリマ・トゥーレティレリーは、94名の大学生に10種類の文章を読ませてスペルや文法の間違いを見つけてもらう、という実験を行ったことがあります。

学生は一人ずつコンピューターの前に座り、画面を見ながら文章を読んでいきました。部屋には他に誰もいないので、ズルをしようと思えばいくらでもできる状況でした。

学生はひとつの文章を読む前にコインを投げ、「簡単なバージョン」と「面倒なバージョン」を決めることになっていました。簡単なバージョンでは、文章中のスペルや文法の間違い

表７ ノマフェリマ・トゥーレティレリーの実験結果

1回目	2回目	3回目	4回目	5回目
50%	51%	59%	61%	59%

6回目	7回目	8回目	9回目	10回目
72%	68%	62%	63%	59%

※数値はコイン投げで「簡単なバージョンだった」と答えた割合を示す

は２つだけです。面倒なバージョンでは、間違いは10箇所ありました。

文章は全部で10あったので、実験に参加した学生は、合計でコインを10回投げて作業をさせられました。コイン投げでは、およそ50％の確率で簡単なバージョンと面倒なバージョンが出るはずです。

実験終了後に、学生が報告してきたコイン投げの結果を集計してみると、初めと終わりはちゃんとコイン投げをしていたのに、**途中ではズルをして「簡単なバージョン」を選んでいる**ことがわかりました。結果は、表７のようになりました。

スペルや文法の間違いを見つけるという面倒くさい作業を何回もやらされて、学生たちは嫌になってきたのでしょう。そのため、面倒なバージョンを避けたい学生はコイン投げをしたかのようにごまかし、「簡単なバージョンだった」と報告してしまっていることがよくわかります。終わりに近づくと帳尻合わせのように、少しだけ面倒なバージョンを選ぶようです。

誰かに仕事をまかせるときは、特に中盤当りで手を抜いていないか確認しましょう。初めと終わりはあまり確認しなくても大丈夫です。一番手を抜くのは途中なのですから。

たとえば、部下に書類の作成を命じたとします。できあがった書類の1枚目や2枚目よりも、真ん中の書類をよく確認しましょう。部下はそうしたところで手を抜く確率が高いと思われます。

犬嫌いな人ほど犬に噛まれる理由

犬嫌いな人は、不思議なくらいよく犬に噛まれます。

身体からおかしなフェロモンでも出ているのではないかと思うくらい、犬からも嫌われて噛みつかれるのです。そのため、犬嫌いな人はますます犬が怖くなって嫌いになっていく、という負のスパイラルが見られます。

ハンガリーにあるエトヴェシュ・ロラーンド大学のジュディット・ヴァスは、なぜ犬嫌いな人ほど、犬に吠えられたり噛みつかれたりするのかに興味を持ちました。そこで、19種30匹の犬を集めて、実験をすることにしました。犬にもいろいろな種類がいますから、ジャーマン・シェパードやミニチュア・プードルなど、できるだけ多様な犬を集めたのですね。

ヴァスはまず女性アシスタントに、犬好きの人がするように、犬に近づくように言いました。具体的には、アシスタントは犬と目を合わせて名前を呼びかけながら、自然な速さで近づいたのです。犬のすぐ近くまで行ったときには、頭をなでました。

犬の反応はというと、特にありませんでした。**見知らぬ女性が近づいてきても、大人しくし**

たまま頭をなでさせたのです。

次に、同じ女性アシスタントが、今度は犬嫌いの人がするように、犬に近づいていきました。ビクビク、オドオドした感じで近づいていったのです。具体的には、犬と目があってから、ゆっくり（4秒に1歩ずつ）近づいていきました。声は一切出しません。

すると、どのような結果になったのでしょうか。**犬は不審者が近づいてきたと感じたのか、吠えたてたり、噛みついたりしてきた**のです。

結局のところ、**犬嫌いな人が犬に噛まれるのは、ビクビクしているから**です。そのため犬は「警戒すべき人間」と感じて、敵に対して取るような行動をしてきます。

この実験からは、犬嫌いな人が犬に噛まれない方法がわかります。つまり、犬嫌いだと悟られないように、犬好きな人の演技をしていれば良いのです。

犬としっかり目を合わせて、逃げずに自然体で近づきましょう。そのときには「うわぁ、かわいいワンちゃんだねぇ〜」のように、何か声をかけると良いと思います。こうすれば、吠えられたり、噛みつかれたりすることもありません。

不自然な動きをしていると、犬に警戒されてしまいます。敵と認識されないよう、**ものすごくフレンドリーな演技をするのがコツ**です。

問題行動をやめさせるには？

職場のトイレがすぐに汚くなってしまうとしましょう。「トイレをきれいに」という貼り紙もあまり効果がない状況です。

さあ、読者のみなさんなら、こうしたときにどのような方法を取りますか？

私なら**〝過剰修復法〟**を取るでしょう。つまり、トイレの手洗い場を汚したら、そこだけを掃除させるのではなく、ついでに周囲まで掃除させるのです。原状回復だけでなくそれ以上のことを行わせるので、過剰修復法と呼ばれています。この方法はとても効果的です。

どこかを汚したら、他の場所も掃除しないといけない。これは非常に面倒くさいですよね。ですから、過剰修復法を取り入れると、すぐに問題行動が改められるのです。

米国イリノイ州にあるアンナ州立病院（公的な精神病院施設）の心理学者N・アズリンは、知的障害のある入居者34名（男性が18名、女性が16名。平均年齢41歳）を対象に過剰修復法を導入して、問題行動をやめさせることに成功しています。

実はこの施設では、常習的に入居者による窃盗が起きていました。たとえば、他人のポテトチップスや飲み物などを勝手に盗ってしまうことを、みんなが当たり前に行っていたのです。

そこでアズリンは、盗んだものは元に戻すという方法を試してみました。ポテトチップスを盗ったら、盗った分を返さなければならないと決めたのです。原状回復させたのですね。

けれども、**この方法では、窃盗率はあまり減りませんでした**。

そこで今度は、過剰修復法を導入することにしました。たとえば、ポテトチップスを1袋盗んだら、相手には2袋返さなければならないようにしたのです。

この方法は効果てきめんでした。**導入した初日から窃盗率は50%、２日目には75%減りました。４日目以降は窃盗率がゼロになり、それがずっと続いた**のです。「自分が盗んだ以上のものを、余分に返さなければならない」というペナルティは、窃盗という問題行動に対して抜群の効果を発揮すると言えます。

職場をきれいにさせたいなら、汚したところだけではなく、他のところもきれいにさせるのが良いでしょう。自分が汚していないところまで掃除させられるのは面倒くさいですから、誰もが汚さないように気をつけるはずです。

他にも、トレーニングや仕事、勉強を1日分サボったら、その翌日には3日分やるといったルールを決めるなどすると、物事の継続に有効かもしれません。**過剰修復法はいろいろなところで使えるテクニック**と言えるでしょう。

「これからもっと頑張る!」は間違い

私たちは、ムダとわかっているものにも、高いお金を払い続けてしまうことがあります。人間はみんなおバカさんなのです。

米国カリフォルニア大学のステファノ・デラヴィーナは、3つのスポーツジムに会員登録している7752名を、3年以上にわたって追跡調査しました。

この3つのスポーツジムでは、金額は異なるものの、だいたい似たような3つのプランを用意していました。年会費を払う(たとえば年に700ドル)、月謝で払う(たとえば月に70ドル)、1回ごとに払う(たとえば1回のジム利用で12ドル)、といったプランです。

調べてみると、ほとんどの人が月謝での支払いを好んでいました。なんとなく予想できますよね。年会費はちょっと金額が張りますし、毎回払うのはわずらわしいからです。

けれど、面白いこともわかりました。彼らが毎月ジムに通う回数を調べてみると、平均で4・3回。つまり、ジムには週に一度しか行っておらず、1回ごとに払ったほうが断然おトクだったのです。

さらに驚きなのは、通い始めてから1年後の契約更新です。

1年も経てば、自分がだいたいどのくらいの頻度でジムに通うのかはわかるはずです。月謝よりも、1回ごとに使用料を払ったほうが安いなら、更新時にはプランを変えたほうが良いでしょう。

ところが、**たいていの人は懲りずに「月謝での支払い」を選択**していました。いったいどういうことなのでしょう。

デラヴィーナによれば、ほとんどの人が**「これからはたくさん通うだろうから」と考えるため**だそうです。今まではサボっていたけどこれからは違う、ということでしょうか。そんなこと、あるわけがないのに……。損をすることが目に見えていても、ジムに通う回数を過剰に見積もって、「それなら月謝で払うほうが良いだろう」と考えてしまうらしいのです。

スマートフォンの契約でも、保険の契約でも、私たちはプランを組むときに、同じような間違いをしてしまいます。本当は一番安いプランを選んでも何の問題もないのに、少し高いプランを選択してしまうのです。気をつけたほうが良いですね。

人間は基本的におバカさんなので、**これから自分がどういった行動を取るのか考えたときに、甘い見込みをしてしまいます**。物事を判断するときには、過去の自分の行動をしっかりと見つめ直し、できるだけ理性的になることをオススメします。

人を「自己中」にするもの

不安を感じやすい人は、自己中心的になりやすいので注意してください。

そういう人はあまり他の人のことを考えません。**心の余裕をなくしてしまい、自分のこと以外を考えられなくなる**のです。何かに心を奪われていたら、思いやりや優しさを他の人に向けられないのも、しかたがないとは言えますが。

米国アイオワ大学のアンドリュー・トッドは、135名の大学生を、不安を感じさせるグループ、怒りを感じさせるグループ、比較のためのコントロールグループの3つに分けて比べました。

不安を感じさせるグループには、「人生で不安を感じたときのこと」を文章に書かせました。そうすることで不安を喚起《かんき》させたわけです。

怒りを感じさせるグループには、「人生で激しく怒りを感じたこと」を書いてもらいました。当時の怒りを再燃させるためです。

コントロールグループには、「普段、どうやって夜を過ごしているか」を書いてもらいました。これは、まったく何の感情も引き起こすことのない作業でした。

それからトッドは、それぞれのグループの参加者に、テーブルの前に座って正面を向いている人の写真を見せました。テーブルの上には本が置かれています。

トッドは参加者たちに、「本は、テーブルのどちら側にありますか？」と質問しました。参加者から見ると、本はテーブルの右側に置かれています。写真の人物からすれば左側に置かれていることになります。

もし参加者が「右」と答えたら、それは自分から見た回答。自己中心的に考えていることになります。こうして、どれだけ自己中心的かを測定することができるのです。

調べてみると、それぞれのグループの結果は次のようになりました。

不安を喚起させられたグループ：47人中34人が「右」と答える（割合は72・3％）
怒りを喚起させられたグループ：44人中22人が「右」と答える（割合は50・0％）
コントロールグループ　　　　：44人中20人が「右」と答える（割合は45・5％）

この実験で明らかなように、**不安を喚起させられた人ほど自己中心的なモノの見方をしてしまう**ようです。

「リストラに遭うのが怖い」「自然災害が怖い」「子どもが受験に失敗しそうで不安」といった悩みを抱えていると、私たちは自分に注意が向きがちなのかもしれません。「他の人のことなど、どうでも良い」という気持ちになる傾向もあるようなので、できるだけそうならないよう意識してみましょう。

自己中心的な考え方をする人を、好きな人などいません。たいていは周囲の人に煙たがられて嫌われやすくなります。そうならないためにも、なるべく心に不安を感じないように生きていくのが大切なのです。

第4章

知らないと損する心理学研究

人生で後悔すること

私たちは、いったい人生でどんなことに対して後悔しがちなのでしょうか。もしそれを事前にわかっていれば、その点に注意すれば後悔しないような生き方ができるはずです。

もちろん、「十人十色」という言葉もありますし、何に対して後悔するかなんて人によって違うように思うかもしれません。けれども、たくさんの人を集めて調べてみると「人が共通して後悔しがちなこと」が見えてくるはずです。

米国サウスカロライナ州にあるクレムソン大学のロビン・コワルスキは、30歳から76歳までの男女を数多く集めて、「もしあなたが若い頃の自分にアドバイスできたら、どんなことを伝えますか?」という質問をしました。この質問によって、多くの人が何を後悔してしまうのかを調べてみたのです。

堂々の1位は「人間関係」についてのアドバイスでした。私たちは、人間関係について後悔することが一番多かったのです。若い頃の自分に対して、たいていの人は次のようなことを伝えたいと考えていました。

「勇気を出して、彼女に告白しろ！　これは絶対に、だ！」

「上司と仲良くやれ。愛嬌を振りまけ！」

大まかにまとめると**「人間関係」における後悔が非常に多い**ようですね。

2位は「教育」について。若い頃の自分には、次のようなアドバイスをしたかったのです。

「どんなことをしてでも、大学には進学しろ」

「数学の勉強をしておけ」

学歴なんて、社会に出たら関係がない、などと言う識者もいるようですが、実際には**多くの人が教育に関して後悔していた**のです。


だいたい、「学歴無用論」を唱える学者や専門家というのは、東大や京大などの一流大学を卒業していますよね。高学歴の人は学歴など無用だと考えるかもしれませんが、**多くの人は後悔する**ようです。できるだけ一生懸命に勉強することが必要だと言えるでしょう。

ともあれ、私が人生のアドバイスを求められたら「とにかく人間関係に力を入れなさい」「誰に対しても好かれる努力をしなさい」「なるべくワガママを言わないようにしなさい」などと伝えるでしょう。人間関係をうまく築くことが、人生で後悔しない一番の秘訣なのですから。

宿題は意味がない？

学校の先生は、とにかくたくさんの宿題を生徒に与えるものです。私も子ども時代を振り返ってみると、宿題でうんざりした記憶があります。読者のみなさんも、きっとそうした思い出があるでしょう。あれっ、違いますか？　おかしいな（笑）。

もちろん、宿題によって子どもの学力が伸びていくのであれば、まことに喜ばしいことです。けれども実際は、宿題にはあまり意味がなく**「子どもにとって単なる時間の浪費だ」**と指摘する心理学者もいるのです。

米国ネバダ大学のオズカン・エレンは、１０３２もの中学校で2万人を超える中学2年生を対象にして、一週間の宿題の量を調べました。平均すると、生徒は数学で2・4時間、科学で1・7時間、英語で2・2時間、歴史で2・1時間の宿題を出されていることがわかりました。

では、宿題の量と試験の成績には、比例関係が見られたのでしょうか。もし明確な比例関係があれば、宿題にも意味があることになります。

エレンが調べてみると、**数学にだけ比例関係が見られました**。つまり、先生が数学の宿題を出せば出すほど、生徒の数学の成績は上がっていたのです。

ところが、**科学、英語、歴史などでは、宿題の量と試験の成績にはまったく比例関係がありません**でした。つまり、宿題をやらせてもムダという事実が判明したのです。

このデータによってエレンは「数学以外の宿題は、子どもの貴重な時間を奪って、ただ負担を与えるだけ」と結論しています。教育関係の政策を決める人には、ぜひこうしたデータも知っておいてもらいたいですね。

学校の先生は、それこそ毎日のようにおびただしい量の宿題を生徒に出します。けれども、**子どもの役にはあまり立っていません**。先生たちには悪気がないのかもしれませんが、子どもにはただの負担でしかない、ということは知っておきたいものです。

宿題によって子どもの時間を奪えば、放課後の悪事やゲームをする時間は減らせるかもしれません。でも、それならスポーツや芸術活動でもさせたほうが、まだ子どもにとっては有意義なのではないでしょうか。

子どもにはしっかりと宿題をさせるべき、という意見の人もいるでしょうが、私はどちらかと言えば、子どもにはもう少し自分の時間を与えたほうが良いと考えています。家に帰ってものんびりする時間もなく、勉強をしてお風呂に入り、後は寝るだけ……。こういう生活は、子どもにとってはあまりに苛酷だと思うのです。

命令するときのテクニック

誰かに何かの指示を出すときには、きちんと**相手が自分のほうに顔を向けてから**にしましょう。相手がそっぽを向いているときに指示などしても、聞いてもらえないからです。

たとえば、テレビゲームをしている子どもに向かって、「さっさとお風呂に入りなさい」と言うとします。子どもはテレビの画面を見ながら、「は～い」と返事をするかもしれません。けれども、きちんと目を合わせていない状況で指示を出しても、残念ながら子どもはお風呂に入ってくれないでしょう。しばらく時間が経ってから、もう一度「さっさとお風呂に入りなさい」と言うことになると予想されます。これでは、二度手間です。

オフィスで指示を出すときも同じ。相手がパソコンの画面に目を落としているときに、後ろから「○○してくれない？」とお願いしても、おそらくはやってくれないと思います。

私が上司なら、まずは「○○さん」と声をかけます。そして、相手がしっかりと自分のほうに顔を向けてから「悪いんだが、○○してくれないかな」とお願いするでしょう。そのほうが、お願いした作業をやってくれる確率は大幅にアップするはずです。

米国ペンシルベニア州にあるテンプル大学のキャロリン・ハムレットは、「目を合わせることで、相手は従ってくれる」という論文を発表しています。アイコンタクトは、相手からの服従を引き出すのにきわめて有効なテクニックなのです。ハムレットは先生の言うことを聞かない問題児2名（ネイサンとジェシカ）を対象に、ある実験を試みました。

先生が「座って」「正面を見て」「鉛筆を置いて」など、クラスの生徒に向かって指示を出す際、ネイサンは30％、ジェシカは20％の割合でしか言うことを聞きませんでした。

そこでハムレットは先生に、「名前を呼びかけて2秒以内に目を合わせてくれたら、そこで指示を出すようにしてください」とテクニックを教えました。「もし2秒以内に目を合わせてくれないようなら、もう一度『ネイサン！』と名前を呼び、『先生の顔を見て』と促してから指示を出すようにしてください」とも念を押し、実行してもらいました。

すると、**ネイサンとジェシカが指示に従う割合は、それぞれ70％、60％になりました**。

アイコンタクトをしてから指示を出す、という方法はとても効果的です。

「どうも、みんな私の言うことを聞いてくれない」という人は、アイコンタクトをすれば良いのです。相手がそっぽを向いているのでは、どんな指示を出しても聞いてもらえません。**言うことを聞いてほしいのなら、まずはしっかりとアイコンタクト**。この原理を覚えておくだけで、誰にでもお願いを聞いてもらえるようになると思いますよ。

今すぐ無料でできるダイエット法

人間は習慣で行動する動物です。いったん形成された習慣からは逃れることができません。必ず、習慣に沿って行動するようになってしまいます。なぜなら、そうしないと、なんとも気持ち悪いような、落ち着かない気分になるからです。

毎日ジョギングしている人は、ジョギングをしないとおかしな感じがして、気持ち良く眠ることができないでしょう。毎食後に歯磨きをしている人は、出張など外出先で、お昼を食べた後に歯磨きができないと、なんだかソワソワしてしまうはずです。

食事もそうですね。食べるスピードや量は、いつもだいたい決まっていませんか？　早食いの人はいつでも早食いですし、毎回必ずご飯をおかわりする人はお腹がいっぱいだろうと、やはり２杯はごはんを食べないと気がすまないと思います。

さて、今回は誰でも簡単にできるダイエット術について考えてみましょう。

私たちは習慣に沿って食べていると、どうしても食べすぎてしまうものです。そこで、ひとつの方法として**「利き手でない手で食べること」**をオススメします。

利き手でなければ、当然いつものペースでいつもの量を食べることができなくなります。すると、習慣が崩れて「もう良いや」と、ほどほどのところで食べるのをやめることができるのです。

米国南カリフォルニア大学のデビッド・ニールは、映画館で良くポップコーンを食べる人は、たとえポップコーンが湿気っていようが、お腹がいっぱいであろうが、とにかくポップコーンを食べなければ気がすまないことを明らかにしました。「映画を見るときにはポップコーン」という習慣がある人は、どんなに不味いポップコーンであっても、平らげないと気がすまないわけです。

ところが、ニールによると、彼らにある指示を出せばあまりポップコーンを食べなくなることがわかりました。その指示が「利き手を使うな」というものだったのです。**「利き手で食べてはいけないよ」と言われたときにだけ、いつもは映画館でポップコーンを食べる人もそんなに食べなくなりました**。利き手を使わないということは、習慣的な行動をやめるうえで、とても効果的な方法だと言えるでしょう。

「最近ちょっと太ってきたから、少しは食事を制限しようかな」というときは、利き手と反対の手でスプーンなりお箸を持って食べると良いかもしれませんね。そうすれば、自然と食事の量を減らせるのです。

後悔しない消費とは？

読者のみなさんは、買い物で後悔したことはありませんか。

たとえば、洋服を買ってきたのに、一度も着ないまま放ったらかして、「こんなの、買わなきゃ良かった！」と思った経験があるのではないかと思います。

では、後悔しないための心理学的なアドバイスをひとつしましょう。

モノに関しては、基本的に「買わない」こと。なぜなら、買ってから後悔することが多いからです。逆に、**体験や思い出につながるコトであれば、どんどんお金を使うと良い**でしょう。そういったことに関しては、お金を使わないほうが後悔します。

米国コーネル大学のエミリー・ローゼンツヴァイクによると、洋服や家電製品などの物質的な買い物の場合は、買わない後悔よりも、買った後悔の方が大きいそうです。「なんで、こんなもの買ったのだろう？」と思いやすいのですね。

ところが、**コンサートのチケットや旅行などの体験については、お金を使わなかった後悔のほうが大きくなる**と言います。こういうところでケチケチすると、「やっぱりコンサートに行っておけば良かったかも？」と、後になって悔しい思いをしてしまうのです。

買い物をするときには、お金を払う対象が何かを考えてみましょう。もしそれが物質的なモノであれば、我慢するほうが正解。しばらくの間は悶々とするかもしれませんが、最終的には「あぁ、おかしなところにお金を使わなくて良かった！」と思うはずです。

友達からオペラや映画、旅行に誘われたときには、お金を使うと良いでしょう。そういう体験や思い出に関しては、「しなかった」ときのほうが後悔してしまいますから。

ムダな買い物をするくらいなら、エステや温泉、美術館などに行って、有意義にお金を使った方が良いと思います。大切なお金を使ったのに、悔しい思いをするのでは本末転倒になってしまいます。

基本的には、あまり物欲を持たない人のほうが幸せになれそうです。

何かモノを買いたくなったときには、「これって、本当に必要なのかな？」とちょっと考えてみてください。それでも欲しいと思うのであれば買っても構いませんが、後になって悔しい思いをするかもしれない、ということは十分に考えておかないといけません。

学びが多いのは「成功」より「失敗」

人は成功例よりも失敗例からのほうが、多くを学ぶことができます。お金持ちになるための本などには成功談ばかり載っているようですが、本当は失敗談のほうが役に立つのです。

オーストラリアにあるシドニー大学のウェンディ・ジョングは、59名の消防士を2つのグループにわけて、それぞれに学習してもらいました。

29名の「失敗学習」のグループは、実際に起きた6つの火災事件のケースで、なぜ失敗したのかという観点から学習を行いました。たとえば、「リスクを過小評価した」「重要な情報が伝達されていなかった」などです。

30名の「成功学習」のグループでも、実際の火災事件のケースで学習を行いました。ただ、今度は成功例だけを学びました。「こうするとうまくいく」という観点から学習を行ったのです。

次に、どちらのグループにも、初めの学習に使ったものとは異なる火災事件のシナリオを読ませました。そして、場所、建物の構造、目撃者の証言、最初に現場に到着した隊員の初期対応などについての問題を見つけ出す、という作業をさせたのです。
すると、**失敗学習のグループは平均して7・22個の問題点を見つけ出せたのに対し、成功学習のグループでは、5・08個しか問題点を見つけ出せませんでした**。

成功例だけを学んでいると、問題発見能力を磨くことはできません。リスクを過小評価するようになってしまいます。

どんな仕事をするうえでも、成功談より失敗談を聞くほうが有益だと思います。

誰かが仕事で失敗したときは、必ず全員で共有しましょう。社内で失敗だけを集めたデータベースを作っても良いですし、ファイルを作って共有のキャビネットにしまっておくのも良いかもしれません。

お酒の席では、上司に「新人のときに失敗したお話を聞かせてください！」「人生で、一番『やっちゃった！』と思うエピソードを聞かせてください！」と水を向けましょう。

成功談よりも人生の先輩の失敗談を聞いたほうが仕事や人生のためになりそうです。人が失敗した話には、その人の人間性が現れていて、面白いと感じるものもあります。「なるほど、自分も気をつけなきゃいけないな」と反省することもあるでしょう。

仕事の失敗だけでなく、恋愛や人間関係の失敗なども参考になるかもしれません。積極的に聞いてみましょう。

好きなものばかり食べるのはNG

栄養のことなどまったく考えず、とにかく自分の好きなものだけを食べようとする。これはあまり良くありません。もちろん、栄養やカロリーを細かく計算する必要はありませんが、好きなものだけを食べてエネルギーを出せるかというと、そんなわけはないのです。

デンマークにあるオールボー大学のアーネスト・ハンセンは、２０１３年のコペンハーゲン・マラソンに参加する28名のアマチュアランナーを集めて、栄養とマラソンのタイムの関係について調べました。

ハンセンはまず、大会7週間前の10キロ走のタイム、年齢、体重、身長などがほとんど同じ人で、２つのグループを作りました。次に、14名のランナーには自分の好きなものを食べさせ、残りの14名には栄養学という科学に基づいたエネルギーカプセルを飲ませたのです。

エネルギーカプセルは大会がスタートする10〜15分前に2粒、スタート後40分が経過したところでもう1粒、その後は20分おきに1粒ずつ飲むことになっていました。

ちなみに、このカプセルの成分ですが、1粒につき20グラムのマルトデキストリンとグルコース（どちらも吸収されやすい糖質）、０・02グラムのナトリウム、０・03グラムのカフェインが入っていました。何やら、本当に科学っぽいカプセルだったのです。

では、肝心のタイムはどうだったのでしょうか。

自分の好きなものを適当に飲み食いさせたグループでは、タイムの平均は３時間49分26秒。エネルギーカプセルを飲ませたグループはというと、３時間38分31秒。なんと、10分以上もタイムを短縮することができたのです。大会前の10キロ走のタイムには差がなかったわけですから、これはとてもすごいことです。

やはり、必要な栄養をきちんと摂取するのが良いのでしょう。

「そんなの自分でいちいち考えるのは面倒くさいよ」と思われる人もいるかもしれません。最近では、自分の身長や体重、年齢などを入力するとオススメの献立を提案してくれるアプリもあるようですから、そうしたものを利用すれば良いでしょう。自分で考えなくても「今日は、サバの塩焼きか」などと決めることができます。

「俺は栄養のことなんて、どうでも良いんだ。人間は自分の好きなものを食べるのが、一番幸せなんだ」という考え方をする人も多いでしょう。かくいう私も、基本的には好きなものだけを食べていたいタイプ。そうは言っても、やはり**人間の心も身体も栄養の影響を受ける**わけですから、完全に無視するのは良くないと言えるでしょう。

旅先で気をつけること

女性読者のみなさん。街中で知らない男性から声をかけられても、ついて行ってはいけませんよ。私も男性なのですが、基本的に「男性はみんな狼」と見なして間違いないと思います。絶対について行かないでください。

特に旅行中は気をつけましょう。旅先ではついつい気が緩んでしまいますから。「ひと夏のアバンチュール」などとよく言われますが、そのときは胸がときめいたり、素敵な気持ちになっていたりするだけ。それらはすべて幻想です。

米国ノーザン・アイオワ大学のエレイン・アッシュバウは、152名の女子大学生たちに、「ナンパされた経験」について尋ねてみました。

その結果、**74%の女子大学生は、知らない男性について行きセックスをして、後悔したことがある**と答えました。特に、**一度きりのセックスで関係が終わってしまったときに、一番後悔が大きい**ことがわかりました。

つまり、よく知らない男性にナンパされて、つい身体の関係を持ってしまったというとき、ほとんどの女性（７割以上）は後悔してしまうのです。かなりの高確率で悔しい思いをするわけですから、声をかけられても無視して通り過ぎてしまったほうが良いでしょう。

旅先でのアバンチュールではかりにうまくいったとしても、その後相手とは遠距離恋愛になってしまいます。遠距離恋愛はたいていうまくいきません。

男性ときちんとお付き合いしたいのであれば、もっと身近なところで、素敵な男性を探したほうが、いろいろとリスクは小さくなるでしょう。

せっかく旅行に出かけたのだから、少しくらいはハメをはずしたいという方もいるでしょう。それなら、**男性に声をかけられたとしても、一緒に食事に行くとか、お酒を飲むくらいまでにしておきましょう**。ただ、絶対にセックスをしてはいけません。アッシュバウによると、出会って24時間以内にセックスしたときに、後悔がより大きくなるそうです。

女性のみなさんならおわかりになるかと思いますが、男性の中には、すぐに親密な関係を求める人もいるようです。だからこそ「狼」なんて言われてしまうのですね。普段は気をつけている人でも旅先ではどうしても気が緩むようですから、なおさら気をつけた方が良いでしょう。

もし男性が求めてきたとしても、「今度、会ったときにね」とか「10回くらいデートしてからね」などと適当にごまかしてください。

お手軽すぎる長寿法とは？

いつでも笑顔を見せている人ほど、長生きができます。笑っていれば自分自身が楽しい気持ちになれますし、楽しい気分でいると免疫系に良い影響が働いて、長生きできるようになるのです。

笑うことは、その気さえあれば誰にでもできます。しかも、無料で。

高価なサプリメント食品やエクササイズ機器などを買わなくとも、好きなときに笑顔を作るだけで長生きできる可能性が高まるなら、こんなに手軽な長寿法は他にないでしょう。

米国ミシガン州にあるウェイン州立大学のアーネスト・アベルは、1950年以前に活躍したメジャーリーガーのプロフィール用の顔写真を分析してみました。

選手たちはいろいろな表情をしていました。アベルは選手の顔写真を「笑顔なし」「部分的に笑顔」「満面の笑み」という3つのカテゴリーに分けていきました。また、それぞれの選手がどれだけ長生きしたのかについても調べたのです。

すると、**「満面の笑み」を見せていた選手ほど、長生きすることができた**ことを突き止めました。アベルは「写真を見て笑顔かどうかを確認すれば、その人が長生きできるかどうかも予測できる」と述べています。

たいていの人は、できるだけ長生きしたいと思うのではないでしょうか。さっさと死んでしまいたい、という人はめったにいないでしょう。私もできるだけ長生きしたいです（笑）。読者のみなさんもそうですよね。

ですから、時間があるときにはいつでもニコニコするトレーニングをしましょう。面白いことがあるかないかなんて関係ありません。駅で電車を待っている間や買い物でのレジ待ち、運転中に赤信号で停車したときなど、ちょっとした時間があればニコッと笑顔を作ってみましょう。小さな笑顔ではダメですよ。歯が見えるくらい、大きく笑うのです。

笑顔のトレーニングをしていると、知らず知らずのうちに楽しい気持ちになってきます。楽しい気分でいると、ナチュラル・キラー細胞（ＮＫ細胞）も活性化して、悪い菌をやっつけてくれるでしょう。

長生きのコツは、そんなに難しいことではありません。ただ笑っていれば良いのですから。眉間にしわを寄せて不機嫌な顔をする代わりに、いつでもおたふくのような笑顔を見せていれば、寿命はどんどん延びていくものです。

「続けられる人」がやっていること

運動や勉強の習慣を身につけたいときには、自分の行動について記録を取るのが良いですよ。実感するだけではなく記録を取れば、自分の努力が目に見えますから。「もうこんなに頑張ったのか！」と、さらに頑張るようになります。この方法を〝セルフ・グラフ法〟と言います。

たとえば、毎日2キロのウォーキングを始めるとき。何となく歩いているだけでは、自分の努力と成長はよくわかりません。「体力もついてきたかな」と感じるくらいでしょう。ところが、毎日の記録を棒グラフにでもしておけば、「気がついたら、1カ月でもう60キロも歩いてる！」ということが、はっきりとわかります。

読書の習慣も、何となく読んでいるだけでは身につきません。けれども、18ページ、36ページ、29ページ、56ページ……と、毎日読んだページ数をエクセルに入力すれば、簡単に今までの記録を調べることができます。「2週間で800ページも読めるんだな」ということもわかるのです。**セルフ・グラフ法を使えば、本当にびっくりするくらいやる気が出ます**。

米国オハイオ州立大学のケイト・ストッツは、文章を書くことに問題がある小学4年生3名

■表8 ケイト・ストッツの実験結果

	導入前	導入後
Aさん	29.0語	41.7語
Bさん	44.4語	61.2語
Cさん	36.6語	54.0語

に、週に4回のセッションを行いました。「船が難破して、私は無人島にたどりつきました」という書き出しの文章が与えられ、その後は自由に物語を書いていくという作業です。

初めは3人ともあまり多くの文章を書けませんでした。けれども**セルフ・グラフ法を導入したところ、それぞれが1・5倍くらいの文章を書けるようになった**のです。自分の成長を棒グラフにするとどんどん面白くなってきて、「もっとやってみよう！」という気持ちになるのですね。

セルフ・グラフ法を導入する前後で、3人が書いた物語の単語数は表8のようになります。**書くのが苦手な子でも、努力を棒グラフにするとやる気が高まる**ことがよくわかります。

少し前に「レコーディング・ダイエット」が流行りました。食べたものを記録（レコーディング）するだけで、なぜか痩せるというダイエット法です。これも心理学ではセルフ・グラフ法のひとつと言えるでしょう。

起業する前は自分に厳しくなろう

読者のみなさんの中にも、ひょっとしたら独立して起業家になろうと考えている人がいらっしゃるかもしれません。

しかし、ですよ。今の会社を辞める前に、もう一度「自分の見通しは甘くないか？」「本当にうまくいくか？」と考えてみてはいかがでしょうか。つまり、自分のビジネスモデルを、これ以上ないくらい厳しい目で見直してほしいのです。

会社に辞表を提出し、起業をしてから「あれぇ、なんだか思い通りにいかない……」ということになったら大変ですからね。独立する前には、「ちょっと厳しすぎるかも……」と感じるくらい自分に厳しくしなければダメです。

なぜなら、**私たちはものすごく甘い見通しをしがち**だから。「捕らぬ狸の皮算用」という言葉もあるように、私たちは儲かることばかりを考えて、リスクのことなどちっとも考えない傾向があるのです。

米国インディアナ州にあるパーデュ大学のアーノルド・クーパーは、２９９４名の起業家に対して、「あなたの事業が成功する見込みは？」と尋ねてみました。

すると、**95％の人が「10のうち5は成功する」と見込んでいて、81％の人は「10のうち7以上は成功する」と答えました。さらに33％の人は「10のうち10は成功する」と答えた**のです。

「10のうち10」とは、「疑いもなく」成功するという意味です。

起業家は、どうも自分が成功する見込みを過大に評価してしまうようですね。

もちろん、起業家が全員成功するなどということは、現実的にとても考えられません。いや、むしろ失敗する確率のほうが高いくらいです。

「基本的には、起業しても失敗する確率のほうが高い」ということをちゃんとわかって実行するなら良いのですが、たいていの人は違います。**「自分ならうまくいくはず」と思い込んでしまう**のです。

そうはいっても、どうしても独立して起業したいというのであれば、とにかく全力で頑張るしかありません。

戸口《とぐち》つとむ氏の『独立開業　絶対に成功する88カ条』（ＰＨＰ研究所）によると、独立したら土日はないものと考えて、夏休みも里帰りしないくらいの気持ちで取り組まなければならないそうです。どんな業界でも、人の2倍も3倍も働く人が成功できるのです。土日だけでなく夏休みや冬休みもしっかり取って「きちんと休みたい」という人は、そのままサラリーマン生活を続けたほうが良いでしょう。

また、起業をしたいのであれば、いきなり会社を辞めるのではなく、最初はサイドビジネスといった副業のような形で、こっそりと始めるのも良いアイデアです。サラリーマンを続けながら、副業としてやりたいことをしてみて、十分にうまくいきそうな確信が得られてから会社を辞めれば良いのです。

ともあれ、独立して起業家になりたい人は、それがものすごく大変で、甘い見込みで安易に会社を辞めたりしてはいけないということを覚えておきましょう。

タバコやお酒はどれだけ有害か

近頃、芸能人やスポーツ選手が大麻や覚せい剤の使用・所持で逮捕される、というニュースが増えているように感じるのは、私だけでしょうか。

気軽な気持ちで違法ドラッグに手を染めると、取り返しのつかない事態になります。ドラッグには絶対に手を出してはいけません。大切な人生を台なしにしてしまいます。

ドラッグが良くないことは論をまたないですが、実は「さらに危険」なものが私たちの身近にあると聞けば、読者のみなさんは「えっ、そんなものがあるの!?」と驚くのではないでしょうか。

オランダにあるラボラトリーズ・フォー・ヘルス・プロテクション・リサーチのジャン・アムステルダムは、19の違法ドラッグにタバコとお酒を含めて、その有害さ（切迫性、慢性、中毒性、依存性、社会に対しての影響度など）を専門家集団に判断してもらいました。有害さの判断を行う専門家は、医者、薬剤師、精神科医、毒物学者、社会科学者、疫学者などです。

では、専門家集団はどう判断したのでしょうか。

彼らが「もっとも有害」と判断したのは、クラック・コカインでした。２位はヘロインです。特にこの２つは有害の度合いが高いようです。

では、３位は？

なんと、**他の違法ドラッグをおさえて３位にランクインしたのは「タバコ」でした。そして、４位が「お酒」だった**のです。タバコやお酒は、エクスタシーやＬＳＤなどの違法ドラッグよりも有害と判断されたのですね。

なお、もっとも有害の度合いが低いと判断されたのは、マジック・マッシュルームでした。ただし、マジック・マッシュルームは他と比べて安心、というわけではありません。

「タバコくらいなら……」「お酒くらいなら……」と気軽に考えてしまう人もいるでしょう。

ただ、若い人にアドバイスしておくと、できればタバコもお酒も、覚えないほうが良いですよ。専門家たちは、**タバコやお酒が違法ドラッグよりも有害**だと考えているのです。違法ドラッグに手を出さないのは当たり前として、できるならタバコも吸わずお酒も飲まないほうが良いかもしれません。

「社会人になったら付き合いもあるし、お酒くらい覚えておかないと……」というのはウソです。**別にお酒など覚えなくとも、社会人にはなれます**。

痛がることで痛みは増す

階段で転んだり机の角に太ももをぶつけたりして痛みを感じたときは、痛そうな顔ではなく、涼しい顔をするのが正解です。たとえどんなに強い痛みを感じていてもそうしましょう。なぜなら、涼しい顔をしていれば、痛みはすぐにどこかへ消えていくから。

昔の武士たちはどんなに苛酷な境遇に置かれても、弱音など吐かずに涼しい顔を崩さなかったと言います。そういう顔をしていれば、動揺することなく、落ち着いていられるのです。

「苦しいな」

「もう逃げ出したいな」

そんなときこそ、涼しい顔を作ってみましょう。そうすれば、「なんだ、こんなの。たいしたことないや」と軽く受け止めることができますから。

米国ニューハンプシャー州にあるダートマス大学のジョン・ランツェッタは、12名の男性と6名の女性に、4段階の強さの電気ショックを与えるという、なんとも苛酷な実験を行いました。その際に、**「できるだけ自分の痛みを隠して、涼しい顔をしているように」と言われた人**

は「たいして痛みを感じません」と答えました。

単なるやせ我慢かというと、そうではないことがわかりました。実験参加者の身体に電極をつけて皮膚電気反応を測定し、神経の高ぶりや発汗を調べると、本当に小さな変化しか見られなかったのです。**涼しい顔を作っていれば、本当に痛みを感じにくくなった**のですね。

次の実験で、ランツェッタは参加者に弱い電気ショックを与えるときに、「たとえ痛くなくても、大げさに痛がってください」とお願いしました。すると今度は、**電気ショックなどほとんど感じないはずなのに、「ものすごく痛い」という回答が増えました。**

痛がっていると、痛みは増してしまうのです。

小さな子どもが転んで泣きわめいていると、親はおやつなどを与えてすぐに泣き止ませます。泣きわめいているから痛みがひどくなるのです。おもちゃやお菓子など、他のことに注意を向けさせれば、痛みはすぐに感じなくなります。

ある程度の年齢になってくると、腰やヒザが痛んだり、肩こりがひどくなったりするものです。そんなときにも「痛い、痛い」と言って苦しそうな顔をしていると、余計に痛みは増してしまいますよ。

たとえ少し痛みがあっても、**涼しい顔をしていれば、痛みもそれほど強くは感じなくなる**でしょう。

宿題の提出率を上げるには？

たいていの先生は、すべての生徒にまったく同じ宿題を与えるものです。けれども、これはあまり良くないやり方かもしれません。

生徒の学力には差があります。ある生徒にとっては簡単にできる宿題でも、別の生徒には難しすぎることがあるからです。といっても、それぞれの生徒に合わせて宿題の量を変えなければならないとすると、先生の負担が大きくなってしまいます。

では、どうすれば良いのでしょうか。簡単な話です。生徒に自分で宿題の量を決めさせれば良いのです。自分にできる範囲で宿題をやってもらうのです。

「自分で決めて良いのなら、みんなサボるに決まっている」と思う先生がいるかもしれませんが、そんなことはないのです。もっと生徒を信用してあげましょう。もちろん、サボる生徒もいないとは言いませんが、そんなに多くありません。

米国ユタ大学のダニエル・オリンピアは、日ごろ算数の宿題を50％以下しか提出しない小学6年生の男の子と女の子に対して実験を行っています。

オリンピアは、先生が宿題の提出目標を決める場合と、生徒が自分で決める場合を比較する実験を行いました。

先生が決めるときには、常に「宿題を90％提出しよう」という設定をしました。自分で決めて良いときには、「宿題を、80％、90％、100％提出しよう」という3段階の設定で、好きなものを選んで良いことになっていました。

その結果、**それまでは50％以下しか宿題を提出していなかった生徒たちも自分で決めて良いことにすると、測定を行った17日間で、平均して74・1％も提出してくれる**ことがわかりました。ちなみに、**先生が決めたときには、宿題の提出率は60・5％**にすぎませんでした。

「自分で決めて良いんだよ」ということにすると、どうもやる気が高まるようです。逆に、**先生に決められるとやる気がなくなってしまう**のです。

仕事もそうですよね。上司から「これをやれ」「これを目標にせよ」と命じられても、モチベーションは上がりません。他人に押しつけられるのではなく、自分で決めた目標だからこそ、やる気が出るのです。

私たちは他人から指図されると、むしろ「それをしたくない」と感じる天邪鬼《あまのじゃく》なところがあります。自分の好きなように目標を設定できれば、無用な反発を感じることもなく、やる気が出てくるのだと考えられます。

テストを受けるなら朝のうちに

私たちの身体は午前中のほうが、調子が良いとお伝えしました（P36）。実は、頭の働きにも同じことが言えます。午前中のほうがよく働いてくれるようです。

たとえば、同じ試験を受けるのであれば、1限目のほうが5限目に受けるよりも成績が良くなることがわかっています。

デンマークにある国立社会調査センターのヘンリック・シーバートセンは、2009年から2012年までの間、デンマーク国内の公立小学校に通う子どもについて試験の成績と時間割の関係を調べてみました。

その結果、**学校に登校してから時間が経つほど、試験を受けた子どもたちの成績は下がっていく**ことがわかりました。**1限目、2限目、3限目……と時間が経つにつれて、標準偏差で0・9%ずつ下がっていった**のです。

ただ、ひとつだけ例外がありました。それは、お昼休みの後。**お昼休みの後に試験を受けたときは、子どもたちの成績が標準偏差で1・7%上がった**のです。けれども、その後はやはり下がっていきました。

学校に登校してから時間が経てば、身体的に疲れていきます。そして、頭の疲労も同じように溜まっていくのです。苦手な科目の試験は午前中に行ったほうが、生徒にとってはとても都合が良いわけですね。算数の苦手な子どもは、「できれば1限目に算数の試験をしてください」と先生にお願いしてみるのもひとつの手でしょう。

大人でも同じです。脳の疲労がまだそれほど溜まっていないうちに、頭を使う仕事を集中的にこなしてしまうのが良いでしょう。「午後にやれば良いや」などと思っていると、頭が働かなくなり、能率は低くなるでしょうから。

作家の太宰治《だざいおさむ》は、朝のうちに執筆を始めて、午後3時になる頃にはやめていたそうです。妻・津島美知子《つしまみちこ》が『回想の太宰治』（講談社）の中で述べています。

作家というと、夜遅くに仕事をしているようなイメージがありますが、本当は太宰のように朝から執筆するほうが能率ははるかに高いのです。頭がクリアに働いてくれますからね。

どんなにやる気がある人でも、**午前中に比べ午後には認知的な疲労が溜まってきます**。自分でも気づかないうちに能率は落ちていくので、思考力を必要とする作業はすべて午前中に片づけてしまうことをオススメします。

いつも早起きの人が得るもの

私たちは週末になると、いつもよりも長く寝ようとします。休日なので、予定がなければもちろん早起きする必要はありません。お昼くらいまで寝ていても何の問題もないはずです。けれども、そうして週末にダラダラしていると、週明けの月曜日にはとても大変な思いをします。「仕事に行きたくない」「もっと遊びたい」という気持ちが勝ってしまって、仕事へのやる気が出なくなってしまうのです。

ドイツにあるライプチヒ大学のクリストフ・ランドラーは、すべてのことに対して意欲的で行動的な人は、どのような生活を送っているのかを調べてみました。

すると、エネルギーに溢れ意欲的な人に共通する特徴が見つかりました。

そうした人たちは、平日と週末の起床時間にほとんど差がなかったのです。仕事の有無にかかわらず起きる時間は毎日ほぼ同じ、という人のほうがエネルギッシュでした。

ランドラーによると、**睡眠時間は関係がありませんでした**。6時間でも8時間でも、睡眠時間の長さはどうでも良いようです。一番関係があるのは、起床時間。いつも同じ時間に起きる

SUN
DAY

人のほうが意欲的になれるのです。

また、ランドラーによると、**早起きの人のほうが夜更かしの人よりも、すべてのことに対して意欲的でいられる**ようです。そして、週末でも平日と同じ時間に起きる人は、さらに意欲的であることをランドラーは突き止めたのです。

「早起きは三文の徳」という言葉がありますよね。「三文」という江戸時代の貨幣の価値は、現代で言うと100円くらい。すると「早起きは三文の徳」では、ほんの少ししか得にならない気がしてしまうかもしれませんが、実際は違います。

常に早起きを心がけている人のほうが、仕事や恋愛、勉強など、すべてのことに対して意欲的になれます。100円どころではないほどのメリットがあるわけです。

週末だからといって、いつまでも布団の中でダラダラしてはいけません。平日と同じように起きて時間を有効活用しましょう。遅くまで寝なければ心も身体もおかしくならず、月曜日には休日明けに憂鬱になる「ブルーマンデー」に悩まされずにすみます。

「何もすることがないから、寝ていたい」という人もいるでしょう。けれども一度起きてしまえば、何かしらやってみようという気持ちになります。さっさと起きれば自然と意欲が生まれますから、有意義な週末を送ることができますよ。

第5章

誰かに話したくなる心理学研究

オリンピックで結果を残した人に共通すること

どんなプロスポーツでも、「実力」だけで勝敗は決まりません。選手本人の能力、才能、技術などを総合した実力が大切なのはもちろんのこと、それ以上に大事なことがあるのです。

それは、家族からのサポート。家族からしっかりとサポートしてもらっている選手は、どの試合でも良い結果を残すことができます。反対に、奥さんとの関係があまりうまくいっていないような選手は、あまり良い結果を残せません。夫婦げんかばかりしている選手が驚くような良い結果を出す、ということはないのです。

どんなスポーツでも家庭が円満であるほど、選手のパフォーマンスは上がります。

アトランタオリンピックの後、期待通りの結果を出したチームとそうでないチームの分析のため、アメリカオリンピック委員会はノースカロライナ大学のダニエル・ゴールドに調査を依頼しました。

ゴールドは、良い結果と期待外れの結果を残した、それぞれ4つのチームのヘッドコーチと選手たちにインタビューしました。勝敗を分けた要因を探ってみたのです。

守秘義務があるため、ゴールドはどのスポーツのどのチームを分析したのかを明らかにしていません。ともかく、素晴らしい結果を残すことができたチームにはある特徴がありました。

それが、家族からのサポートだったのです。**良い結果を残した４つのチームのすべてが、「家族や友人たちからのサポートがあった」という要因を挙げた**のです。うまくいかなかったチームで、家族からのサポートを受けられたのは1チームだけでした。

奥さんや子どもたちから、「あなた、頑張ってね」「お父さん、勝ってきてね！」と温かく応援されれば、普段は出ない力も出せるようになるものです。家族からのサポートは、本人の才能や技術以上に重要なのではないでしょうか。

このことはスポーツの世界だけでなく、普通のサラリーマンにも言えるのではないかと思います。夫婦円満で、子どもたちから応援されている人のほうが、普段の仕事ぶりも確実に良くなるはずです。「家庭に居場所がない」とか「家族から疎外されているように感じる」という人が、なぜか仕事でだけ抜群の成績を出す、ということは考えにくいでしょう。

人間は、一人だけでは生きていけません。誰かのサポートがあるから生きていけるのです。

家庭をまったく顧みることもなく、ただただ自分の仕事に精を出していれば仕事もうまくいくのかというと、そんなことはないわけですね。**できるだけ家族とコミュニケーションする時間を設けて、身近な人との関係を良くしておくことが大切**だと言えるでしょう。

高級ブティックには赤いスニーカーで行くべき？

アルマーニ、バーバリー、ヴァレンティノなどの高級ブティックに入ることに対して敷居が高いと感じる人は、少なくないでしょう。よほどおしゃれな格好をしてからでないと、なかなか入ろうという気持ちにならないのではないかと思います。

しかし、ですよ。高級ブティックにあえてスポーツウェアや赤いスニーカーを身につけていくと、なぜか店員から「この人は地位が高い」「この人は大物だ」と思われて、丁寧な対応を受けやすくなるのです。

なんとも不思議なこの現象。心理学では**〝レッド・スニーカー効果〟**と呼ばれています。その場に不釣合いな格好をしていると、慣習やルールに従わなくても良い人、つまり偉い人だと誤解してもらえるのです。

米国ハーバード大学のシルビア・ベレッツァは、一流ブランド店で働く女性店員52名と、駅前にいた普通の女性57名に、次のような質問をしてみました。

■表9 シルビア・ベレッツァの調査結果

	スポーツウェア	ドレス
高級ブティックの店員	4.9点	3.8点
駅にいた女性	3.5点	5.7点

※数値は7点満点。7点に近いほど身分を高く見られていることを示す

「35歳くらいの女性がブティックに入ってきた場面をイメージしてください。彼女はスポーツウェア（またはドレスと毛皮のコート）を着ています。さて、彼女はどれくらい身分の高いVIPあるいはセレブだと思いますか？　7点満点で答えてください」

では、結果はどうなったのでしょう？

高級ブティックの店員は、カジュアルなスポーツウェアでやってきた女性のほうを高く評価していることがわかります（表9）。高級ブティックの店員にとってはそうしたお客のほうが珍しいのでしょう。よほどのVIPなので服装にこだわらないのだろう、と思うようです。

高級ブティックに行くときは、中途半端なブランド品を身につけるよりも、店員が度肝を抜くような格好をしたほうが、「この人はすごそうだ！」と店員をひるませることができるのです。

当選するかは声で決まる

選挙で当選しやすい声、というものがあると聞けば、読者のみなさんは驚くでしょうか。「私たちは候補者が訴える政策を吟味して誰に投票するのかを考えるもの。声だけで投票先を決めるなどということは絶対にしないものだ」と思うかもしれません。

けれども、現実は違います。

候補者の政策にしっかりと耳を傾けてから投票する人がいないとは言いませんが、そんな立派な人はあまり多くなく、たいていの人は候補者の顔だちや声などの印象だけで投票してしまうようなのです。

本シリーズ第一作の『すごい心理学』では、候補者の顔だけでも当選が予想できて、その確率はけっこう高い、という話をしました。

そこで今回は、候補者の声でも当選が予想できるという話をしましょう。

米国オハイオ州にあるケント州立大学のスタンフォード・グレゴリーは、1960年以降に行われた8回の大統領選挙のテレビ討論において、それぞれの候補者の声を分析しました。

すると、**声の周波数が０・５キロヘルツ以下の候補者のほうが明らかに有利で、当選しやすい**ということがわかったのです。周波数が低いということは、わかりやすく言えば「低い声」ということ。つまり、選挙で当選しやすい候補者は、低い声であると言えるでしょう。

なぜ高い声の候補者の人気がないのかというと、**高い声は子どものように聞こえるから**です。そうした声の持ち主は残念ながら、子どものようで頼りないと判断されることが多くなります。たいていは大人になれば声が低くなります。低い声は成熟の証です。頼りがいがあり「この人なら信用できる」と思われやすく、選挙にも有利に働くのです。

では、もともと声が高い人は、政治家や議員に選ばれないのかというと、そんなこともありません。なぜなら、トレーニングによって声は、ある程度コントロールできるからです。

声の高い人でも、トレーニングをすれば低い声が出せるようになります。

その証拠に、もともと声の高かったイギリスのサッチャー元首相は、ボイス・トレーニングによって低い声が出せるようになったと言われています。高い声のままでは首相としての威厳が出せないと考えたのでしょう。

もし読者のみなさんが選挙に立候補したいのであれば、ボイス・トレーニングを受けて、低くて渋い声が出せるようになると良いと思います。政策を考えるのも必要なことですが、好印象を与える声を出せることは、それ以上に大切なのです。

選挙では候補者リストの順番も重要

選挙では、候補者リストの順番も重要になります。

なんと、たくさんの候補者がいるときは、リストの先頭に名前が載っている候補者が、当選しやすくなるということもわかっています。心理学者はこの現象を〝**第一候補者アドバンテージ**〟と呼んでいます。

米国ペンシルベニア大学のマーレ・メレディスは、1995年から2008年までに行われたカリフォルニア州すべての市議会と教育委員会の選挙データを調べてみました。マーレがカリフォルニア州を選んだ理由は、カリフォルニア州では他の州と違って候補者のリストの順番を名前のアルファベット順でなく、くじ引きで決めるからです。

選挙によって、候補者の数も当選者の数も違いますが、リストに載せられた順番と当選者数を調べてみると、表10のような結果になりました。誰が見ても明らかなように、**リストの1番目に名前を載せられた候補者のほうが当選しやすい**ということがわかります。

表10 マーレ・メレディスの調査結果

	リストに記載された順番				
	1番目	2番目	3番目	4番目	5番目
候補者2名で当選者1名	912名	805名			
候補者3名で当選者1名	221名	200名	188名		
候補者4名で当選者1名	68名	49名	50名	52名	
候補者5名で当選者1名	24名	16名	18名	9名	

※数値は当選者数を示す

選挙では、とにかくリストの１番目になることが重要です。

もし候補者リストへの記載が申込み順になっているのであれば、できるだけ初日に立候補してしまうことです。そうすれば、リストの１番目に自分の名前を載せることができ、当選確率も飛躍的に高まるはずです。

「リストの１番目ほど選ばれやすい」ということを覚えておけば、政治家の選挙だけでなく、学校の生徒会選挙や職場における投票の場面でも使えます。何かと便利かもしれません。

たとえば、職場で社員旅行の行先を決めるときも、もしあなたが幹事で温泉に行きたいのであれば、参加者に次のようなメールを送ると良いかもしれません。

旅行の行先

1. 温泉
2. 海
3. 山
お好きなものをひとつ選んで、返信してください。

このような順で行き先の候補を並べておけば、みんなに温泉を選ばせることができるかもしれませんね。

スマホゲームの意外なメリット

　ゲームばかりしている人は、あまり良い印象を人に与えないようです。ゲーム依存症の人は「ゲーム廃人」などと呼ばれることもありますし、ウソか本当かはわかりませんが、ゲームばかりやっていると、頭が悪くなるという「ゲーム脳」などという言葉もあります。

　ゲームをやっている人は、なんだか「ダメ人間」という烙印を押されてしまいがちです。本当にゲームは、そんなに悪いものなのでしょうか。

　実は、有益な点もたくさんある、ということを示すデータをご紹介しましょう。

　米国オハイオ州にあるケニオン大学のパトリック・エウェルは、日本でも人気のスマホアプリゲーム「ポケモンＧＯ」について研究しています。

　アメリカでは２０１６年にリリースされたポケモンＧＯ。エウェルがその研究の調査員を募集したところ、３２１名の応募がありました。その中で、一カ月以上にわたりプレイを続け、毎日きちんとデータを取ってくれた59名を分析対象としました。

　その結果、**ゲームをすればするほど日常生活がダメになっていく、ということはまったくあ**

りませんでした。むしろ、ポケモンGOのプレイ時間が長い人ほど、人生満足度やバイタリティが高かったのです。つまり、活力が湧いてきてイキイキと暮らせるということです。

また、ゲームをしている人は、一人でゲームを楽しむため、人付き合いが面倒くさくなったり、人嫌いになったりしてしまうというイメージを持たれてしまいがちです。けれども、それは間違いということもエウェルは明らかにしています。

同じ調査では、**ポケモンGOを楽しんでいるユーザーは社交的になり、人との関わりも多くなる傾向にある、**ということがわかりました。友人だけでなく、面識のない人とも付き合うようになったのです。

とはいえポケモンGOは、普通のゲームとは違って、GPS機能を使いながら実際に街中を歩き回ってプレイするゲームです。モンスターを捕まえるために公園などを歩いていれば、同じようにゲームを楽しんでいる人と出会って、言葉をかわすこともあるでしょう。普通のゲームとはちょっと違う、特殊なゲームであることは確かです。

けれども、ゲームをしていると引っ込み思案になったり、人付き合いが億劫《おっくう》になったり、無気力になってしまったりする、といったネガティブな考えは間違いです。**ゲームの中にはポケモンGOのように、メリットがたくさんあるものもある**のです。エウェルは、ポケモンGOは良いこと尽くめのゲームだと述べています。そういうゲームもあるのですね。

「悔しい」のは「惜しい」とき

私たちは「ううう、あともうちょっとだったのに……」というときに、ものすごく悔しい思いをします。

ゴルフのパットで言えば「もうあと1センチでカップに入ったのに」というときのほうが、カップから1メートルも離れてしまったときよりも悔しい思いをするのです。

学校の成績で言うと、テストで80点以上を取れば「優」の成績がもらえるのに79点だった学生は、歯ぎしりして悔しがるでしょう。ところが、68点を取った学生はそんなに悔しく思いません。「優を取れなかった」ということについては、79点でも、68点でも同じです。「惜しかった」「もう少しだった」というときのほうが、悔しさが倍増してしまうのですね。

米国スタンフォード大学のデール・ミラーは、ひとつのグループに次の文章を読ませました。「極寒の地で飛行機事故が起き、生存者が1名。彼は歩いて街まで行こうとしたが、街の手前400メートルで息絶えた」。そして、その生存者がどれだけ悔しい思いをしたのかを推測させたのです。

次に別のグループに「街まで120キロのところで息絶えた」という文章を読ませて、その悔しさを推測してもらいました。

すると、**「街まであと400メートルで息絶えた」という文章を読んだグループのほうが、「きっと彼は悔しかっただろう」という回答を多くしていた**のです。「惜しいと悔しい」のですね。

みなさんが宝くじを一枚だけ買ったとします。その宝くじの番号は「48組　320812３」でした。そして当選発表の日、なんと1等6億円の当たりは次の番号でした。

「48組　3208122」

どうですか。ものすごく悔しいと思いませんか。どうせはずれるなら、購入した番号が「16組　1234567」のように、箸にも棒にもかからないもののほうが、それほど悔しい思いはしなかったはずです。「ケチケチと1枚だけ買うのではなく、連番で買っていれば6億円が手に入ったのかもしれない……」と考えると、悔しくてたまりません。

私はギャンブルを一切やりませんが、パチンコやスロットでは「7・7……」と当たりの少し手前までは数字を揃えるようです。結局ははずれの数字を出して、お客に悔しい思いをさせています。**惜しければ惜しいほど、「もう少しだった」という気分になる**のです。そうやってお店はお客をギャンブルにはまらせようとしているのでしょう。

ケガもたまには悪くない？

私たちは基本的に自分が一番カワイイので、自分のことしか考えていません。誰でも「自己中心的」であるのが普通です。人間なら、誰でもそうなのです。

ところが、病気にかかったりケガをしたりすると、それが改められます。自分一人では何もできないということに気づかされると、**「他の人の手助けって、本当にありがたいなぁ」と感謝の心も芽生える**ようになるのです。

病気にかかったりケガをしたりすることは、まことに辛いことですが、「思いやりの心が持てるようになる」のなら、ほんの少しはメリットがあると考えられるかもしれません。

イギリスにあるローハンプトン大学のカイリー・ロイデービスは、スポーツでケガをした人を、2年間にわたって追跡調査したことがあります。彼らがしていたスポーツは、ラグビー、サッカー、バドミントン、テニス、野球、バレーボールなど幅広く、ケガした箇所も、指、手首、足首、膝、肘など、さまざまでした。

では、ケガをした人には、どのような心理的変化が見られたのでしょうか。

ロイデービスが調べたところ、**「自己成長できた」と答える人が多かった**のです。

ケガをすると、身体が動かせなくなりますから、身近な人との会話が増えます。すると、身近な人の存在が、とてもありがたく感じられるようになります。それまで自分がいかに自己中心的だったのかということにも気づくことができます。

また、身体が不自由になると、それまでの生活ができなくなり、時間にゆとりを持てるようになります。すると、小さな頃を思い出して絵を描いてみたり、文章を書いてみたりと、いろいろな活動をする人も多いのです。そういった活動を通して、心が晴れやかになり、「趣味みたいなものも、けっこう面白いんだな」と思えるようになります。こうして、人生に彩りが出てきます。

仕事でもそうですよね。病気にかかったりケガをしたりすると、仕事に出かけられません。すると、人間はそれまでの自分を見つめ直すようになります。自分の弱さやワガママに気づき自己成長ができるのです。

病気やケガのときには「神さまが、ちょっと休みなさいって言っているんだ」と考えて、少しだけのんびりしてみるのも良いでしょう。もし仕事一途にやってきて、燃え尽き症候群や鬱病などになってしまったら、しばらくは仕事を忘れて、別のことをやってみるチャンスだと考えてはどうでしょうか。

メガネをかけると頭が良くなる？

私たちは身につける服装によって、心理状態が変わります。ビシッとスーツを着てネクタイを締めれば、心もピリッと引き締まりますし、Tシャツと短パンをはいていれば、気持ちもゆるんできます。

面白いのは、メガネ。私たちはメガネをかけるだけで、自己評価も変わってしまうことが明らかにされています。

読者のみなさんは、「メガネをかけた人」に対してどんなイメージを抱くでしょうか。頭が良い、知的、クールなどなど。

たいていの人がメガネをかけた人に抱いているイメージは、メガネをかける本人に影響を与えます。普段メガネをかけない人がメガネをかけると、「自分は頭が良い」と思うようになるのです。

米国マサチューセッツ州にあるクラーク大学のジョアン・ケラーマンは、25名の男性と24名の女性に、メガネをかけた状態とかけない状態で知能テストを受けてもらいました。知能テストでは、語彙力や、隠された図形を見つけ出す力を測定しました。

ケラーマンは、知能テスト終了後、参加者たちにどれくらいできたかを推測させました。

その結果、**男女ともにメガネをかけてテストを受けたときには、「かなりの高得点だったはず」と思い込む**ことがわかりました。自分の得点を高く見積もっていたのです。

実際の点数と比較をしたところ、残念ながらメガネをかけただけでは知能テストの結果が良くなるということはありませんでした（笑）。テストの点数は変わりませんでしたが、「頭が良くなったはず」という思い込みは、しっかりと強化されることがわかったのです。

ケラーマンは、さらに自分自身についての評価も尋ねてみました。**メガネをかけていると、かけていないときに比べて、「私は落ち着きがある」「私は学者肌である」「私は仕事ができて、有能である」という評価も高まる**ことがわかりました。

どうも私たちはメガネをかけると、とんでもない勘違いをしてしまうようです。

もちろん、「自分は頭が良くなった」と思い込むことによって、勉強や仕事へのモチベーションが高まるのであれば、それはそれで良いことでしょう。普段は自分に自信のない人も、メガネをかけることで自信が持てるようになるなら、それも素晴らしいことだと思います。

メガネは自己評価を高めるための小道具として利用できます。「私はバカだ」と考えてしまい自己評価が低い人は、目が悪くなくてもメガネをかけたほうが良いかもしれません。

授業がつまらなくなる理由

小学生のときには授業もそれなりに面白く感じるのに、中学生になると次第に嫌気がさしてくる。さらには高校生になると授業が苦痛にしか感じない、という経験はありませんか？

なぜ、私たちは授業が嫌いになっていくのでしょう。授業の内容が、どんどん難しくなっていくからでしょうか。

いいえ、そうではありません。

本当の理由はもっと別のところにありました。それは、**「先生がホメてくれなくなる」から**。先生がホメてくれなくなると、授業が苦痛になっていくのです。


米国コロンビア大学のメアリー・ホワイトは、16名のアシスタントを雇って、104人の先生の授業を合計で139時間も観察させました。観察したのは、小学校1年生から高校3年生までの、すべての学年の授業です。

アシスタントたちは、授業中に先生が生徒をホメた回数とけなした回数を測定しました。先生が生徒に向かって「グッジョブ！」などとホメたときには、ホメた回数を「1回」とカウント。同じように「ダメだな、キミは」とけなしたときにも、けなした回数としてカウントしていったのです。

すると、ものすごく面白いことがわかりました。**小学校1年生を担当する先生では、ホメた回数のほうがけなした回数を上回っていたのですが、小学校2年生以降になると、徐々にホメる回数が減り、けなす回数のほうが多くなっていった**のです。**中学、高校になると、先生が生徒をホメることはほとんどなくなり、けなすばかり**になりました。

誰でも同じでしょうが、ホメられるのではなくけなされてばかりでは、授業が面白いと感じるわけがありません。中学、高校と授業がつまらなくなっていくのは、何のことはない、先生がホメてくれなくなることが原因なのでした。

すべての授業がつまらないかというと、そんなこともないでしょう。「ある先生が教える英語が面白い」とか「ある先生の数学の授業が最高」ということもあります。そして、生徒にそう思わせる先生というのは、とにかくホメまくるという特徴があるのです。

生徒のやる気を引き出したいのなら、先生はもっとたくさんホメなければダメですよ。

特に中学、高校では授業の内容が高度になってくるので、意識してホメ言葉をかけないと、生徒はますますやる気を失ってしまいます。

「なかなか、ホメられる点が見つからない」と思う先生もいるかもしれません。けれども、生徒に関心を持って、一人一人をしっかりと見ていれば、ホメるべき点などいくらでも見つけることができるでしょう。

「ノートに書く字がキレイ」「姿勢が良い」「手を挙げて質問をするのは偉い」とか、たくさんあるはずです。それをしない先生は、怠慢であると言わざるを得ません。

好きな先生がいると成績は伸びる

先生はできるだけ生徒に好かれなければならないと思います。

「先生は勉強を教えるのが本来の仕事。芸能人ではないのだから、好かれることは考えなくても良い」という人もいるでしょうが、とんでもない話です。学校の先生もタレントと同じく、「好かれてナンボ」の世界なのです。

予備校の先生などは、どれだけ多くの生徒が自分の講座を履修するかでお給料が変わることもあり、生徒からの人気度が重要だそうです。公立校の先生もその好かれるための努力を見習ってほしいと思います。

しかも、生徒に好かれるように努力すると、生徒の成績を伸ばすことができます。ウソと思われるかもしれませんが、好きな先生に教えてもらう生徒のほうが、成績が伸びることは間違いなく事実なのです。

米国ニューヨーク市立大学のジャレッド・ジェロームは、クラスでの観察を通して、生徒の先生の好き嫌いを調べました。

具体的には「自分から近寄っていく」「自分から話しかける」、あるいは「遠ざかって逃げようとする」といった生徒の行動を観察することで、それぞれの生徒が好きな先生と嫌いな先生をこっそりと区別しました。

次に、簡単な算数の問題などを行わせました。

その結果、**生徒の成績は好きな先生がそばにいてくれるときにアップし、嫌いな先生がそばにいるときに落ちてしまう**ことがわかりました。

ジェロームによると、好きな先生がそばにいてくれるだけで、生徒は心強さを感じるようです。先生がこっそりと答えを教えてくれるわけではないのですが、試験の成績も良くなるのです。

中学、高校の先生の中には、受験の当日に試験校の門まで付き添ってくれる先生もいます。それによって受験生たちは先生から力をもらい、試験を突破できる確率が高まるのでしょう。ただし、その先生が生徒に好かれている場合だけですが。

前項で述べたように、小学校1年生を除くと、先生はあまり生徒をホメなくなります。これは良くありません。**どんなに小さなことでもたくさんホメてくれる先生のほうが絶対に好かれますし、生徒の成績も伸びます**。結果として、先生としての評価も高くなるはずです。先生になるなら、好かれる努力も必要であることは肝に銘じておきましょう。

エッチと思われたい男、そうは思われたくない女

男性と女性の間には、いろいろと興味深い違いが見られます。

ポルノに関しても面白い違いがあります。インターネットを使ってポルノを視聴している時間を調べてみると、男性は「たくさん見る」といったウソをつきやすく、女性は「あまり見ない」といったウソをつきやすいのです。

どうしてお互いにそんなウソをつくのかはよくわかりません。けれども、どうもそういう傾向があるようです。

イスラエルにあるテル＝ハイ学院大学のミーラブ・ヘンは、男女がインターネットでどれくらいポルノに接触しているのかを調べ、見ている時間をそれぞれに尋ねてみました。

その結果、**男性は「たくさん見ている」と答えやすいことがわかりました。42・86％の男性が実際の視聴時間よりも多めに答えて、少なく答えるのは14・29％にすぎなかった**のです。

たとえば、1週間で合計3時間ポルノを視聴している男性がいるとします。普通に「3時間」と答えれば良いのに、「1週間で5時間くらい見ている」と、なぜかあえて視聴時間を水

増しして答える傾向があったのですね。

女性はというと、まったく逆の答え方をしました。**女性は「あまり見ていない」といったような答え方をしやすく、53.57%が実際の視聴時間よりも短く答えました。実際よりも多い時間を答えたのは21.43%と、男性とはまるで反対だった**のです。実際は1週間で合計5時間ポルノを視聴していても、「2時間くらいしか見てません」と答えるのが普通だったのです。

男性にとっては、エッチであることが男性的な証拠になるようです。だからそういうウソをついて、「自分はエッチな男だ」ということを誇示したいのでしょう。エッチであることを隠す必要がないばかりか、むしろ水増ししてアピールしたほうが有利になるのかもしれません。

ところが**女性はというと、「私はそういうものに興味がありません」とアピールしたほうが、自分の印象を良くする**ことができるのでしょう。慎《つつし》み深い印象を与えられるようです。

男性も女性も、自分の印象を良くするためにウソをつきます。けれどもウソのつき方が逆のこともあるのです。

結婚式にはお金をかけないほうが良い

読者のみなさんはご存じないかもしれませんが、かつて「ダイヤモンドは永遠の輝き」というスローガンがありました。1970年代から2000年くらいまで、イギリスを本拠にダイヤモンド事業を展開するデビアスグループのスローガンとして使われていたそうです。「婚約指輪を贈るなら、ダイヤモンド」ということなのでしょうね。

少し前までほとんどの人が、結婚をするときにダイヤモンド付きの婚約指輪を選んでいました。「ダイヤモンドの輝きのように、結婚生活も永遠に続きますように」という願いを込めていたわけですね。

ご存じのように、ダイヤモンドは高価です。私が若い頃には「婚約指輪の値段は月収3カ月分」などとも言われていました。月に30万円を稼ぐ人なら、だいたい90万円くらいの指輪を選んでいたのではないかと思います。

けれどもダイヤモンドにお金をかけるのはあまり良くない、というデータがあります。

米国ジョージア州にあるエモリー大学のアンドリュー・フランシスタンは、3000人以上の既婚者にアンケートを配布して、結婚式にかけた費用と結婚生活についての調査をしました。同性婚や13歳未満、60歳以上で結婚した人を除いて分析したところ、**結婚指輪や結婚式にお金を「かけなかった」人ほど、結婚生活は長く続いていることがわかった**のです。

最近では結婚式にあまりお金をかけない「ジミ婚」というスタイルも流行っているそうです。心理学的には、ジミ婚は正解と言えるでしょう。

この結果から、フランシスタンは**「ダイヤモンドは永遠の輝き」というスローガンは、まったくのウソ**であると述べています。お金をかければ結婚生活もうまくいくのかというと、まるでそんなことはなかったのです。

では、なぜ結婚指輪や結婚式にお金をかけるのが良くないのでしょうか。

その理由は、結婚に対して理想と期待ばかりが大きく膨らんでしまうから。「結婚したら、私は幸せになれる！」「結婚したら、きっと素晴らしい生活が待っている！」という期待ばかりが膨れ上がってしまうのです。

ところが実際の結婚生活は、テレビドラマや映画とは違います。素晴らしいことばかりではありません。失望することもたくさんあります。むしろ、結婚前の期待が大きければ大きいほど、失望も大きくなります。「こんなはずじゃなかった……」となってしまうのですね。

その点、結婚指輪や結婚式にあまりお金をかけない人は、現実的だと言えます。期待も小さいので失望することもなく、普段通りに結婚生活を送ることができるのです。

読者のみなさんが男性で、結婚を考えている女性から「指輪は絶対にダイヤ付きだからね！」と求められたとしましょう。そのようなときは、結婚指輪にお金をかけると、離婚の確率は高まってしまうことを教えてあげてください。

そうすれば、結婚前からいらぬ散財をしなくてすみます。

婚姻届

老け顔の人ほど仕事はうまくいく!?

実際の年齢に比べてずいぶんと老けて見られてしまう人がいます。いわゆる「老け顔」の人です。

「老けている」と見られるのは、本当にイヤなものです。私も、まだ20代前半のうちから30代後半くらいに見られることが多かったので、老け顔がコンプレックスでした。最近は、ようやく年齢が顔だちに追いついてきたようで、ホッとしていますが。読者のみなさんの中にも、私と同じコンプレックスを持つ人がいるのではないかと思います。

そんなみなさんに、朗報をひとつ。

実はビジネスに関して言えば、老けて見られる顔のほうが成功しやすいことがわかっています。つまり、「老け顔」は「成功顔」とも言えるのです。

老け顔の人にとって、まことに勇気づけられるようなデータを発表しているのが、米国マサチューセッツ州にあるタフツ大学のニコラス・ルール。

ルールは、2006年のフォーチュン500社の調査（アメリカの超優良企業の調査）で、上位25社と下位25社のＣＥＯの顔写真を手に入れました。その顔写真を１００名の大学生に見せて印象を尋ねたのです。また、ルールは２００５年におけるそれぞれの企業の収益も調べました。これにより、どんな顔のＣＥＯが業績を高めるのかがわかります。

調べてみると、大変面白い結果になりました。**「老け顔」と評価されたＣＥＯに率いられた企業ほど、業績が良かった**のです。

老けて見られれば、それだけ「成熟している」「有能そうに見える」「パワーを感じさせる」と思われやすいことになります。部下たちからの信頼も厚くなり、「この人について行こう」と思われるのかもしれません。取引先やクライアントも「この人なら、すべてをまかせても大丈夫」と信頼されて、仕事もうまくいくのかもしれません。

逆に若く見える人は威厳を感じさせづらく、人からナメられやすいのでしょう。若く見える顔はたしかに魅力的ではあるものの、仕事で成功する顔とは言い難いのです。

ソフトバンクの孫正義《そんまさよし》氏が若いうちに成功できたのも、もともと髪の毛が薄くて年上にみられたことが作用していたのかもしれません。孫氏が老け顔でなかったら、ひょっとするとソフトバンクは今ほどの大企業にはなっていなかったという可能性もあります。

老け顔がコンプレックスの人は少なくないと思います。けれども「俺の顔にだって良いところもあるんだぞ！」と思えば、いくらかは自分を慰めることもできるのではないでしょうか。

童顔だって負けていない!?

前項では、「老け顔はむしろラッキーなんだよ」というお話をしました。では、実際よりも若く見える童顔にはメリットがないのかというと、そうでもありません。

研究者によっては、「いや、老け顔より童顔のほうが良い」と結論づける人もいます。研究者によってまったく正反対の結論になることも、心理学では珍しくないのです。

米国イリノイ州にあるノースウェスタン大学の経営大学院のロバート・リビングストンは、「老け顔のほうが成功しやすいというのは、白人のCEOには当てはまるかもしれないが、黒人のCEOでは逆になるのではないか?」と考えました。

黒人のCEOの場合、子どものように見えるほうが、親しみやすさや愛らしさが出て近寄りやすいので、それだけ人を惹きつける効果があるはず、というのです。

リビングストンは、ルールと同じ方法で検証を始めました。まず、フォーチュン500社のCEOの顔写真を入手し、男性10名と女性11名に評価してもらったのです。

すると、**黒人のCEOでは「童顔」と評価されるほど、その企業の業績が良い**ことがわかりました。リビングストンは、これを**〝テディ・ベア効果〟**と名づけています。かわいらしい心理学用語ですね。子どもっぽい顔をしているCEOが悪いのかというと、そんなこともありません。特に黒人のCEOではそう言えそうです。

白人のCEOでは、老けて見えたほうがいろいろと好都合でした。パワーがあるように見えたり、威厳を感じさせたりするからです。リーダーシップを発揮して、グイグイと人を動かすことができるのですね。

ところが、**パワーではなく、ソフトな方法で人を動かすこともできます**。親しみを感じさせることで人が動く可能性もあるでしょう。黒人のCEOはそうやって人を動かしているのかもしれません。

日本人も白人に比べると、もともと童顔に見られやすいという傾向があります。ひょっとすると、老け顔よりも童顔のほうが好ましい印象を与えて、人をうまく動せる可能性もあります。

結局、老け顔と童顔のどちらが良いのかについては、心理学の世界でも決着はついていません。さらに多くの研究が必要でしょう。占いと一緒で、**老け顔の人は「老け顔がイイ」というデータを信じて、童顔の人は「童顔がイイ」というデータを信じれば良い**のです。自分にとって都合の良いものを信じたほうが勇気づけられますから、それで良いのだと思います。

若者よりも高齢者のほうが幸せな理由

高齢者になると、ヒザが痛くなったり内臓が弱ってきたりして、いろいろと不都合が起きてきます。そのため若い人などは、歳を取れば取るほど不満が大きくなると思っているのではないでしょうか。

ところが、実際はまったく逆なのです。

不満が大きいのは若者で、高齢者のほうが毎日を楽しく生きているようなのです。

スイスにあるチューリッヒ大学のシュワント・ヘインズは、13万人のドイツ人のパネル調査を分析したところ、**人生の満足度は高齢になるほど高まっていく**傾向を明らかにしました。これはいったいなぜなのでしょうか。

ヘインズによると、私たちが感じる幸せは、期待や欲望の大きさによって決まります。

若者や中年の人は、ものすごく大きな欲求を持っています。「大きな家に住みたい」「高級外車に乗りたい」「イケメンや美人と結婚したい」「子どもには超一流の学校に進学してほしい」といったことです。

ところが、現実にはそういう欲求は達成できないことがほとんど。そのため、現実とのギャップによって不満が生まれてしまいます。

その点**高齢者になると、あまり多くを望まなくなる**のですね。人生経験から、多くを望まないほうが幸せでいられるということも学んでいきます。

ハインズによると、**人は21歳のときには、期待や欲望のほうが現実に得られるものよりも9・8％も高い**そうです。ところが**68歳になると、期待や欲望のほうが、現実に得られるものよりも4・5％も低くなります**。若者はその差の分だけ不満が高まり、高齢者は望むものより現実に得られるもののほうが多いので、ハッピーになれるのです。

誰でも簡単に、しかも今すぐハッピーになる秘訣を教えましょう。

それは、**あまり大きな望みを持たないこと**。

大きな望みを持てば持つほど、私たちは不幸になっていきます。大きな望みを持っていても、それが叶うのなら問題ありません。けれども、現実にはなかなかそうはいきません。

その点、あまり多くを望まなければ現実にはそれ以上のものが手に入るでしょう。その分、「うわあ、なんて自分はラッキーなんだろう」と喜びを味わうことができるのですね。

「あまり多くを望まない」というのは、なんだかつまらないことのように思われるかもしれませんが、実は毎日を楽しく生きるためのコツなのです。

運動をするならどこが良い？

読者のみなさんは、「グリーン・エクササイズ」という言葉を聞いたことがあるでしょうか。運動は自然の多いところでするほうが、さまざまな恩恵を受けることができる。これが、グリーン・エクササイズです。

もちろん、都市部でジョギングをするのも決して悪くはないと思います。ただ、街の中を走っても、心肺機能が強くなって足に筋肉がつく程度の効果しかありません。それだけでも十分と言えるかもしれませんね。

けれども、木々が生い茂っている公園や川のそばなどといった場所で運動すると、自尊心が高まったり、ハッピーな気分を感じやすくなったりという恩恵も受けられます。

イギリスにあるエセックス大学のジョー・バートンは、グリーン・エクササイズに関して発表されている論文を調べて、総合的に分析してみました。

その結果、**体力や筋力アップ以上の効果が見られる**ことが明らかになったのです。

せっかく運動するのであれば、自信がついたり、やる気も出たりしたほうが良いに決まっています。体力がつくだけでなく他にも良いことがあるなら、一石二鳥と言えるでしょう。

バートンによると、特に水辺ではグリーン・エクササイズの効果が高いそうです。

ジョギングをするのであれば、滝のそばや噴水の周りがオススメの場所だと言えます。水があるところにはマイナスイオンが発生しやすく、気分が爽快になることも一役買っているのかもしれません。これは、**〝レナード効果〟**や**〝レーナルト効果〟**と呼ばれるものです。

バートンによると、グリーン・エクササイズの効果に男女差はないそうです。ただし、年齢による差は多少見られるそうです。若い人ほど効果があり、年配者ではその効果はわずかに落ちるようです。


東京では、皇居の周りのコースがジョギング愛好者に好まれています。皇居の周りには緑がたくさんあり、お堀には水が蓄えられているので、グリーン・エクササイズにうってつけです。もしかしたら皇居の周りをジョギングしている人たちは、そのことを経験的にわかっているのかもしれませんね。

都市部で生活していても、**週末にはできれば緑の多いところに出かけて、ジョギングや散策を楽しんでみるのが良い**でしょう。ちょっとした運動でも、気分をリフレッシュするのに大いに役立つはずです。

人は不確実なものにひかれる

人間には面白いところがあって、確実にもらえるとわかっているものを手に入れたときよりも、もらえるかどうかわからないものを手に入れたときにより喜びを感じるようです。

たとえば、時間通りに出社すれば毎日500円のボーナスをもらえるのと、出社したときにコイントスをして、オモテが出れば500円もらえるのではどうでしょうか。おそらく後者のほうが、ボーナスをもらえたときに嬉しく感じて、遅刻もしなくなるだろうと予想されます。

私たちは、不確実なときは動機づけがより高くなり、労力や時間、お金などをつぎ込むことが知られています。この現象を〝**不確実性動機づけ効果**〟と呼びます。スマホゲームのガチャでつい課金しすぎてしまうのも、結果が不確実だからだと言えます。

香港中文大学のルーシー・シェンは、40名の男子大学生と47名の女子大学生にお願いをして実験を行いました。彼らの目の前に3・8リットルのピッチャーを置き、できるだけたくさん水を飲んでもらうという苛酷な、そしてちょっと面白い実験です。

ピッチャーには、1・4リットルの位置に線が引いてあります。ただし、参加者たちはその線が1・4リットルを示していることを知りません。シェンは、ピッチャーを参加者に見せて、「2分以内にストローでこの線まで水を飲むことができたら謝礼が出ます」と告げました。

ただし、半数の人には「線まで飲めたら2ドル」と告げ、残りの半数には「線まで飲めたらコイントスで2ドルか、1ドル」と告げました。

では、頑張って線まで水を飲んだ人はどれくらいいたのでしょう。

確実に2ドルがもらえると言われたグループでは、43％の人しか線まで水を飲めませんでした。「まあ、ムリをすることもないか」と途中で投げ出してしまったのです。

ところが、**コイントスで2ドルか1ドル決める、と言われたグループでは、70％の人が線まで水を飲むことができました。**

この実験でわかるとおり、**得られる金額が同じでも、ギャンブル性や不確実性が高いときに私たちは「よし、やってやろうじゃないか！」という気分になる**ようです。

たとえば、買い物に付加価値をつけるなら、必ず何かがもらえるスタンプよりは、くじや福引きなどの、不確実性の高いもののほうが良いでしょう。そのほうが、お客の購買意欲に火をつけることができます。

あとがき

本書でご紹介してきた絶品の心理学ネタは、いかがだったでしょうか。

「へえ、心理学って面白い学問なんだなぁ」

「ふぅん、人間ってそういう行動を取るんだなぁ」

「ほぉ～、このネタ、世間話にも使えそうだなぁ」

読者のみなさんに、そんな風に思ってもらえたとしたら、著者冥利《みょうり》に尽きます。

心理学というのは、まことに懐の深い学問なので、人間の行動のほとんどあらゆる領域を研究対象にしています。

もともと心理学はそういう学問なので、本書にもとにかくバラエティ豊かなネタを取り入れました。あまりにもバラエティに富んでいるので、いったいこれは何の本なのか、執筆している私自身でさえよくわからなくなってしまったほどです（笑）。

人によっては「このネタは面白いけど、こっちのネタはそうでもない」といったことを感じたかもしれません。私自身は、面白いと感じたネタだけを選りすぐったつもりなので、みなさんにもお気に召していただければ幸いです。

前作も前々作も同じですが、論文の収集とネタの厳選には、とにかく時間をかけました。ネタを集めるのはそんなに大変ではないのですが、それを選ぶとなると、本当に苦労しました。

なぜなら、私にはどの論文も面白く感じてしまうからです。

面白いといっても、政治のネタばかりではつまらないですし、経済のネタばかりでも飽きてしまいます。そこで、今回は、とにかく幅広いネタをご紹介することに心を砕きました。本書の内容が、あまり脈絡がなく支離滅裂《しりめつれつ》になっているのは、どうかご容赦ください。

ページ数の関係もあって、載せきれなかったネタは山ほどあります。

それらは今後の本でご紹介していくつもりなので、ぜひ期待してお待ちください。

さて、本書の執筆にあたっては、総合法令出版編集部の大原彩季加さんにお世話になりました。この場を借りてお礼を申し上げます。本書が大変読みやすい構成になっているのは、大原さんのおかげです。ありがとうございました。

最後になりましたが、読者のみなさんにも心よりお礼を申し上げます。もし、本書を読んで、「心理学って面白いな」と感じていただけたなら、ぜひシリーズの前二作も読んでみてください。この3冊を読むだけで、かなりの「心理学フリーク」になれることを保証いたします。

最後までお付き合いいただき、ありがとうございました。

内藤誼人

Psychology ,49, 591-594.

Zebrowitz, L. A., Colling, M. A., & Dutta, R. 1998 The relationship between appearance and personality across the life span. Personality and Social Psychology Bulletin ,24, 736-749.

Zeidner, M., & Schleyer, E. J. 1998 The big-fish-little-pond effect for academic self-concept, test anxiety, and school grades in gifted children. Contemporary Educational Psychology ,24, 305-329.

※研究・実験を行なった人物の所属先については、論文発表当時のものです。

Schnall, S., Haidt, J., Clore, G. L., & Jordan, A. H. 2008 Disgust as embodied moral judgment. Personality and Social Psychology Bulletin ,34, 1096-1109.

Sezer, O., Gino, F., & Norton, M. I. 2018 Humblebragging: A distinct-and ineffective-self-presentation strategy. Journal of Personality and Social Psychology ,114, 52-74.

Shen, L., Fishbach, A., & Hsee, C. K. 2015 The motivating-uncertainty effect: Uncertainty increases resource investment in the process of reward pursuit. Journal of Consumer Research ,41, 1301-1315.

Sievertsen, H. H., Gino, F., & Piovesan, M. 2016 Cognitive fatigue influences students' performance on standardized tests. Proceedings of the National Academy of Sciences of the United States of America ,113, 2621-2624.

Stephens, R., Atkins, J., & Kingston, A. 2009 Swearing as a response to pain. Neuroreport, 20, 1056-1060.

Stotz, K. E., Itoi, M., Konrad, M., & Alber-Morgan, S. R. 2008 Effects of self-graphing on written expression of fourth grade students with high-incidence disabilities. Journal of Behavioral Education ,17, 172-186.

Todd, A. R., Forstmann, M., Burgmer, P., Brooks, A. W., & Galinski, A. D. 2015 Anxious and egocentric: How specific emotions influence perspective taking. Journal of Experimental Psychology: General ,144, 374-391.

Toure-Tillery, M., & Fishbach, A. 2012 The end justifies the means, but only in the middle. Journal of Experimental Psychology:General ,141, 570-583.

Vas, J., Topal, J., Gacsi, M., Miklosi, A., & Csanyi, V. 2005 A friend or an enemy? Dogs' reaction to an unfamiliar person showing behavioural cues of threat and friendliness at different times. Applied Animal Behaviour Science ,94,, 99-115.

Weiss, M. R., McCullagh, P., Smith, A. L., & Berlant, A. R. 1998 Observational learning and the fearful child: Influence of peer models on swimming skill performance and psychological responses. Research Quarterly for Exercise and Sport ,69, 380-394.

White, M. A. 1975 Natural rated of teacher approval and disapproval in the classroom. Journal of Applied Behavior Analysis ,8, 367-372.

Wilson, P. B., Ingraham, S. J., Lundstrom, C., & Rhodes, G. 2013 Dietary tendencies as predictors of marathon time in novice marathoners. International Journal of Sport Nutrition and Exercise Metabolism ,23, 170-177.

Wilson, V. E., & Peper, E. 2004 The effects of upright and slumped postures on the recall of positive and negative thoughts. Applied Psychophysiology and Biofeedback, 29, 189-195.

Wiltermuth, S. C., & Heath, C. 2009 Synchrony and cooperation. Psychological Science ,20, 1-5.

Yap, A. J., Mason, M. F., & Ames, D. R. 2013 The powerful size others down: The link between power and estimates of others' size. Journal of Experimental Social early-day psychotherapy. Psychoneuroendocrinology ,74, 197-202.

Milhabet, I., Cambon, L., & Shepperd, J. A. 2020 Perceptions of comparative optimism and perceptions of career success: Experimental evidence for a bidirectional effect. Journal of Social Psychology ,160, 559-575.

Miller, D. T., & McFarland, C. 1986 Counterfactual thinking and victim compensation: A test of norm theory. Personality and Social Psychology Bulletin ,12, 513-519.

Murnigham, J. K., & Conlon, D. E. 1991 The dynamics of intense work groups: A study of British string quartets. Administrative Science Quarterly ,36, 165-186.

Neal, D. T., Wood, W., Wu, M., & Kurlander. 2011 The pull of the past: When do habits persist despite conflict with motives? Personality and Social Psychology Bulletin ,37, 1428-1437.

Olympia, D. E., Sheridan, S. M., Jensen, W. R., & Andrews, D. 1994 Using student-managed interventions to increase homework completion and accuracy. Journal of Applied Behavior Analysis ,27, 85-99.

Oppezo, M., & Schwartz, D. L. 2014 Give your ideas some legs:The positive effect of walking on creative thinking. Journal of Experimental Psychology:Learning, memory, and cognition ,40,1142-1152.

Philippen, P. B., Bakker, F. C., Oudejans, R. R. D., & Canal-Bruland, R. 2012 The effects of smiling and frowning on perceived affect and exertion while physically active. Journal of Sport Behavior ,35, 337-53.

Pilkonis, P. A. 1977 The behavioral consequences of shyness. Journal of Personality ,45, 596-611.

Randler, C. 2009 Proactive people are morning people. Journal of Applied Social Psychology ,39, 2787-2797.

Rerick, P. O., Livingston, T. N., & Davis, D. 2020 Does the horny man think women want him too? Effects of male sexual arousal on perceptions of female sexual willingness. Journal of Social Psychology ,160, 520-533.

Rosenzweig, E., & Gilovich, T. 2012 Buyer's remorse or missed opportunity? Differential regrets for material and experiential purchases. Journal of Personality and Social Psychology ,102, 215-223.

Roy-Davis, K., Wadey, R., & Evans, L. 2017 A grounded theory of sport injury-related growth. Sport, Exercise, and Performance Psychology ,6, 35-52.

Rozin, P. E. 2000 The makings of the magical mind: The nature of function of sympathetic magic. In: Rosengren, K. S., Johnson, C. N., Harris, P. L. Imagining the impossible: Magical, scientific, and religious thinking in children. Cambridge University Press ,1-34.

Rule, N. O., & Ambady, N. 2008 The face of success. Inferences from chief executive officers' appearance predict company profit. Psychological Science ,19, 109-111.

hurt to ask: Question-asking increases liking. Journal of Personality and Social Psychology ,113, 430-452.

Jerome, J., & Sturmey, P. 2008 Reinforcing efficacy of interactions with preferred and nonpreferred staff under progressive-ratio schedules. Journal of Applied Behavior Analysis ,41, 221-225.

Joung, W., Hesketh, B., & Neal, A. 2006 Using "War stories" to train for adaptive performance: Is it better to learn from error or success? Applied Psychology:An International Review ,55, 282-302.

Kaushal, N., & Rhodes, R. E. 2015 Exercise habit formation in new gym members: A longitudinal study. Journal of Behavioral Medicine, 38, 652-663.

Kellerman, J. M., & Laird, J. D. 1982 The effect of appearance on self-perceptions. Journal of Personality ,50, 296-315.

Kouchaki, M., & Smith, I. H. 2014 The morning morality effect: The influence of time of day on unethical behavior. Psychological Science ,25, 95-102.

Kowalski, R. M., & McCord, A. 2020 If I knew then what I know now: Advice to my younger self. Journal of Social Psychology ,160, 1-20.

Kreutz, G., Bongard, S., Rohmann, S., Hodapp, V., & Grebe, D. 2004 Effects of choir singing or listening on secretory immunoglobulin A, Cortisol, and emotional state. Journal of Behavioral Medicine ,27, 623-635.

Lanzetta, J. T., Cartwright-Smith, J., & Kleck, R. E. 1976 Effects of nonverbal dissimulation on emotional experience and autonomic arousal. Journal of Personality and Social Psychology ,33, 354-370.

Lee, E. H., & Schnall, S. 2014 The influence of social power on weight perception. Journal of Experimental Psychology:General ,143, 1719-1725.

Levitsky, D. A., & Pacanowski, C. R. 2013 Effect of skipping breakfast on subsequent energy intake. Physiology & Behavior ,119, 9-16.

Lidor, R., & Mayan, Z. 2005 Can beginning learners benefit from preperformance routines when serving in volleyball? The Sport Psychologist ,19, 343-363.

Livingston, R. W., & Pearce, N. A. 2009 The Teddy-Bear effect. Does having a baby face benefit black chief executive officers? Psychological Science ,20, 1229-1236.

McGuigan, N., Makinson, J., & Whiten, A. 2011 From over-imitation to super-copying: Adults imitate causally irrelevant aspects of tool use with higher fidelity than young children. British Journal of Psychology ,102, 1-18.

Meredith, M., & Salant, Y. 2013 On the causes and consequences of ballot order effects. Political Behavior ,35, 175-197.

Mesagno, C., Marchant, D., & Morris, T. 2009 Alleviating choking: The sounds of distraction. Journal of Applied Sport Psychology ,21, 131-147.

Meuret, A. E., Rosenfield, D., Bhaskara, L., Auchus, R., Liberzon, i., Ritz, T., & Abelson, J. L. 2016 Timing matters:Endogenous cortisol mediates benefits from disorders. Psychosomatic Medicine, 62, 309-317.

Duckworth, A. L., Gendler, T. S., & Gross, J. J. 2016 Situational strategies for self-control. Perspectives on Psychological Science ,11, 35-55.

Edelman, R. E., & Chambless, D. L. 1995 Adherence during sessions and homework in cognitive-behavioral group treatment of social phobia. Behavior Research and Therapy ,33, 573-577.

Elshout, M., Nelissen, R. M. A., van Beest, I., Elshout, S., & van Dijk, W. W. 2020 Real-life revenge may not effectively deter norm violations. Journal of Social Psychology ,160, 390-399.

Eren, O., & Henderson, D. J. 2011 Are we wasting our children's time by giving them more homework? Economics of Education Review ,30, 950-961.

Eshbaugh, E. M., & Gute, G. 2008 Hookups and sexual regret among college women. Journal of Social Psychology ,148, 77-89.

Ewell, P. J., Quist, M. C., Øverup, C. S. 2020 Catching more than pocket monsters: Pokemon Go's social and psychological effects on players. Journal of Social Psychology ,160, 131-136.

Francis-Tan, A., & Mialon, H. M. 2015 "A diamond is forever" and other fairy tales: The relationship between wedding expenses and marriage duration. Economic Inquiry ,53, 1919-1930.

Frank, R. H., Gilovich, T., & Regan, D. T. 1993 Does studying economics inhibit cooperation. Journal of Economic Perspectives, 7, 159-171.

Gould, D., Guinan, D., Greenleaf, C., Medbery, R., & Peterson, K. 1999 Factors affecting Olympic performance: Perceptions of athletes and coaches form more and less successful teams. The Sport Psychologist ,13,371-394.

Glazer, A., & Konrad, K. A. 1996 A signaling explanation for charity. American Economic Review ,86, 1019-1028.

Gregory, S. W. Jr., & Gallagher, T. J. 2002 Spectral analysis of candidates' nonverbal vocal communication: Predicting U.S. presidential election outcomes. Social Psychology Quarterly ,65, 298-308.

Hamlet, C. C., Axelrod, S., & Kuerschner, S. 1984 Eye contact as an antecedent to compliant behavior. Journal of Applied Behavior Analysis ,17, 553-557.

Hannes, S. 2016 Unmet Aspirations as an explanation for the age U-shape in wellbeing. Journal of Economic Behavior & Organization ,122, 75-87.

Hansen, E. A., Emanuelsen, A., Gertsen, R. M., & Sorensen, S. S. R. 2014 Improved marathon performance by in-race nutritional strategy intervention. International Journal of Sport Nutrition and Exercise Metabolism ,24, 645-455.

Hen, M., Karsh, N., Langer, E., & Shechter, R. 2020 Gender differences in implicit exposure to cyber-pornography. Journal of Social Psychology ,160, 613-623.

Huang, K., Yeomans, M., Brooks, A. W., Minson, J., & Gino, F. 2017 It doesn't

参考文献

Abel, E. L., & Kruger, M. L. 2010 Smile intensity in photographs predicts longevity. Psychological Science ,21, 542-544.

Alter, A. L., & Hershfield, H. E. 2014 People search for meaning when they approach a new decade in chronological age. Proceedings of the National Academy of Sciences of the United States of America ,111, 17066-17070.

Amsterdam, J. V., Opperhuizen, A., Koeter, M., & van den Brink, W. 2010 Ranking the harm of alcohol, tobacco and illicit drugs for the individual and the population. European Addiction Research ,16, 202-207.

Azrin, N. H., & Wesolowski, M. D. 1974 Theft reversal: An overcorrection procedure for eliminating stealing by retarded persons. Journal of Applied Behavior Analysis ,7, 577-581.

Barlow, M., Woodman, T., Gorgulu, R., & Voyzey, R. 2016 Ironic effects of performance are worse for neurotics. Psychology of Sport and Exercise ,24, 27-37.

Barton, J., & Jules, P. 2010 What is the best dose of nature and green exercise for improving mental health? Environmental Sciences & Technology ,44, 3947-3955.

Begue, L., Bushman, B. J., Zerhouni, O., Subra, B., & Ourabah, M. 2013 Beauty is in the eye of the beerholder: People who think they are drunk also think they are attractive. British Journal of Psychology ,104, 225-234.

Bellezza, S., Gino, F., & Keinan, A. 2014 The red sneakers effect: Inferring status and competence from signals of nonconformity. Journal of Consumer Research ,41, 35-54.

Chandler, J., & Schwarz, N. 2009 How extending your middle finger affects your perception of others: Learned movements influence concepts accessibility. Journal of Experimental Social Psychology ,45, 123-128.

Cooper, A. C., Woo, C. Y., & Dunkelberg, W. C. 1988 Entrepreneurs' perceived chances for success. Journal of Business Venturing ,3, 97-108.

Cope, J. G., Allred, L. J., & Morsell, J. M. 1991 Signs as deterrents of illegal parking in spaces designated for individuals with physical disabilities. Journal of Applied Behavior Analysis ,24, 59-63.

Croyle, R. T., Loftus, E. F., Barger, S. D., Sun, Y. C., Hart, M., & Gettig, J. 2006 How well do people recall risk factor test results? Accuracy and bias among cholesterol screening participants. Health Psychology ,25, 425-432.

Danziger, S., Levav, J., & Avnaim-Pesso, L. 2011 Extraneous factors in judicial decisions. Proceedings of the National Academy of Sciences of the United States of America ,108, 6889-6892.

Della Vigna, S., & Malmendier, U. 2006 Paying not to go to the gym. American Economic Review ,96, 694-719.

Drossman, D. A., Leserman, J., Li, Z., Keefe, F., Hu, Y. J. B., & Toomey, T. C. 2000 Effects of coping on health outcome among women with gastrointestinal

内藤誼人（ないとう・よしひと）

心理学者、立正大学客員教授、有限会社アンギルド代表取締役社長。

慶應義塾大学社会学研究科博士課程修了。社会心理学の知見をベースに、ビジネスを中心とした実践的分野への応用に力を注ぐ心理学系アクティビスト。趣味は釣りとガーデニング。

著書に、『裏社会の危険な心理交渉術』『世界最先端の研究が教える すごい心理学』（以上、総合法令出版）など多数。その数は 200 冊を超える。

世界最先端の研究が教える
さらにすごい心理学

2021年3月22日　初版発行
2021年4月1日　2刷発行

著　者　内藤誼人
発行者　野村直克
発行所　総合法令出版株式会社
〒103-0001 東京都中央区日本橋小伝馬町15-18
EDGE小伝馬町ビル9階
電話　03-5623-5121
印刷・製本　中央精版印刷株式会社

落丁・乱丁本はお取替えいたします。

ISBN 978-4-86280-792-2
総合法令出版ホームページ　http://www.horei.com/